もっと知りたい

宮崎の古代

考古学が誘う ふるさとの歴史

宮崎県立西都原考古博物館 編著

ごあいさつ

宮崎県立西都原考古博物館は、宮崎県西都市大字三宅に所在し、特別史跡「西都原古墳群」に臨むサイトミュージアム（Site museum）として、豊かな自然環境と優れた歴史的文化的景観を包括したフィールドミュージアム（Field museum）として、２００４（平成16）年４月に開館しました。２０１７年３月には丸13年が経過することとなります。

私たちは、南九州の人々の生きた証を国内外に広く発信するため、調査研究、史跡の保存整備、資料の収集・保管、展示、教育普及、国際交流など幅広い活動を行って参りました。展示では、「常設」という概念を廃し、常に新しい情報を発信するという意味の「常新展示」を標榜し、特別展、国際交流展、企画展、コレクションギャラリー展などさまざまな展示会を開催し、講演会や講座も定期的に実施してきました。

また、当館の構成施設に「古代生活体験館」があり、個人でも団体でも年間を通して利用可能な常設型施設として、ものづくりを通して古代人の知恵と技術を体験しながら学んでいただいております。

このたび、考古学の楽しさと奥深さを知っていただきたいと、本書を刊行することといたしました。

本書を企画・刊行する契機となりましたのは、２０１５年10月から２０１６年３月までの半年間、ＭＲＴ宮崎放送のラジオ番組中にて、考古学に関するコーナーを持たせていただいたことによります。毎週水曜日の昼下がり、約５分間という短いコーナーではありましたが、「歴史ロマンを求めて　考古学の旅」と題し、故郷みやざきの歴史について、考古学の視点からお話しさせていただきました。ラジオを通して、故郷の歴史に興味をお持ちの方はもとより、西都原古墳群や西都原考古博物館にお越しいただいたことのない方、考古学に興味のなかった方々にも、身近な話題として考古学の一面をお伝えできたのではないかと思います。

宮崎県立西都原考古博物館
館長　田　方　浩　二

今回、このラジオでの話題をベースとして、西都原古墳群を訪れた4人家族と当館学芸員の対話というスタイルで再構成いたしました。本書では、故郷みやざきに人の営みが始まった旧石器時代から、火山災害を乗り越えて再生を繰り返した縄文時代、稲作をはじめとする新たな文化と人々の交流の生まれた弥生時代、そして、南九州が最も色濃く輝きを放った古墳時代、国家としての枠組みが浸透していく古代（奈良・平安時代）までを主な対象としています。また、未曾有の自然災害が日本列島の各地で発生している昨今、貴重な文化財と地域の歴史を守り伝える博物館の役割についても紹介しています。

私たちは、過去を見つめて、はじめて今日を知り、未来を見通すことができます。より広く、より多くの皆様に本書をお読みいただき、私たちの故郷みやざきに生きた先人たちの足跡を知り、今現在を見つめ、未来を展望することの一助となれば幸いです。

２０１７（平成29）年3月

感謝をこめて

株式会社　宮崎放送
ラジオ局長　関　知　子

西都原が好きです。確かにそこにあった先人たちの営みを、時空を超え、感じることができるから。佇んでいると、古代人の日常や叡知に、畏敬の念で、それはもういっぱいになるのです。同時に、数多の「なぜ」が浮かんでくる場所。考古学は、「なぜ」に答えやヒントを与えてくれます。

弊社ラジオ番組「GO！GO！ワイド」内コーナー『考古学の旅』は、西都原考古博物館学芸員の皆様によるわかりやすいガイドで、好評を博しました。伝えたい。温度感あるお話が、その所以です。

ラジオは音の世界。想像力をかきたてます。書籍化により、さらに広く深く。ほら、畏敬と「なぜ」が次々出てきます。古から現在、未来へ続く旅。この本に登場する家族とともに、お楽しみください。

目次

もっと知りたい宮崎の古代

特別史跡　西都原古墳群

考古博物館▶②地下式4号▶③100号墳▶①考古博物館

このはな館▶⑧鬼の窟古墳（206号墳）▶⑥13号墳▶⑦酒元ノ上横穴墓群▶⑨このはな館

考古博物館▶②地下式4号▶③100号墳▶④第2支群▶⑤第1支群▶⑥13号墳▶
酒元ノ上横穴墓群▶⑧鬼の窟古墳（206号墳）▶⑨このはな館▶⑩171号墳▶
169号墳▶①考古博物館

西都原古墳群と考古博物館の見学へ

爽やかに晴れた日曜日。宮崎県西都市の特別史跡西都原古墳群を訪れた親子４人。
（父40歳　母38歳　兄12歳　妹8歳）。
台地をドライブし、宮崎県立西都原考古博物館を見学することにする。

わあ、ずっと向こうまで見渡せるんだね。ここが西都原の台地なのね。

ほら、右側に小高く見えるだろ。周りが土手で囲まれてるんだけど、あれが鬼《おに》の窟《いわや》古墳だよ。

こちら側にも、ずっと向こうにも、たくさん見えるわ。あれって全部、古墳なのね。

ほんとうだね。あそこにも。ここにも。形もいろいろだね。数えきれないよ。

前方左手に森が見えてきただろう。あの森は実は古墳なんだよ。有名な「男狭穂塚《おさほづか》」「女狭穂塚《めさほづか》」の二つの大きな古墳全体の上に、木が茂って森のようになってしまったんだよ。

えっ？　あの森が古墳？

すごく大きいんだ。

確か、墳丘《ふんきゅう》の長さは両方の古墳とも約１７６メートルで、九州最大の前方後円墳ということだったな。

「西都原考古博物館入口」の標識が見えてきたよ。

よし、それじゃ車を止めて博物館に行ってみよう。

入口がかっこいいね。古墳の中に入っていくみた

陵墓参考地　男狭穂塚・女狭穂塚

鬼の窟古墳（206号墳）全景

いだよ。

まず展望台に行ってみない？　西都原の台地全体が見渡せるっていうから。

（エレベーターで3階へ）

わあ、広いんだ。あっちにもこっちにも、小高く土が盛られている。

300基以上もあるそうだよ。よく見てごらん、形が少しずつ違っているだろう。前方後円墳とか円墳とか、いろいろあるんだよ。

その古墳の間には農地があるのね。この西都原の台地では古墳がずっと守られてきたって聞いていたけど、大事にされているんだ。

この博物館の建っている所は小高い丘になっているけど、この台地に入ってきたときにはこの建物は見えてなかったろう。森の中にうまく収《おさ》まっているよね。景観を損ねないように配慮して作られているんだよ。

考古博物館ってどんな所なの？

考古学の専門の博物館だよ。古墳や遺跡の発掘調査で出てきたものを展示してるんだよ。

今日は学芸員の方に案内をお願いしているから、いろいろ質問してみればいいさ。

私たちのふるさと宮崎のことが学べるといいわね。

（上）
宮崎県立西都原考古博物館3階展望ラウンジからの眺め

博物館の入口

宮崎県立西都原考古博物館

プロローグ
記憶と記録
～日向神話と考古学～

「モノ」を読み解く――考古学とはどんな学問なの？

「モノ」から歴史を読み解く

こんにちは。宮崎県立西都原考古博物館へようこそ。この博物館は、南九州の人びとの生きた証《あかし》を見つめる「人と歴史の博物館」です。ふるさと宮崎の歴史を知るために「考古学」という学問の方法で調査や研究をしています。考古学って聞いたことありますか？

遺跡を発掘したりするんでしょ？

恐竜とか化石も調べるの？

恐竜や化石を調べるのは、発掘という点では似ているけど別です。地質学や古生物学という別の分野の学問になります。考古学は人間の歴史を考えるものですから、地球に人間が誕生してからあとのことを調べています。

人間の歴史を考えるというと、歴史学っていうのもあると思いますが、歴史学と考古学って違うものですか？

歴史学は「文献史学」とも言って、人によって書き残された文書や書物などの文字資料を材料として歴史を考えていきます。人が書いたものなので、全てが真実とは限りません。たくさんの資料を比較して研究することで歴史に迫っていきます。これに対して、考古学では過去に生きた人びとが残した「モノ」を材料にして歴史を研究します。

残された「モノ」を材料に歴史を研究する？　どんなふうに理解していくんですか。

遺物（発掘の様子と出土した土器）

遺跡（都城市前畑遺跡。田んぼの中の独立した微高地が丸ごと遺跡である）

遺構（西都市宮ノ東《みやのひがし》遺跡。住居跡の発掘の様子）

住居の跡やお墓など人びとが大地に残したものを「遺構《いこう》」、土器や石器など人びとが使った道具などで持ち運びができるものを「遺物《いぶつ》」と言って、そうしたものが残されている場所を「遺跡《いせき》」と言います。過去の人びとが残した遺構や遺物にはウソはありません。しかし、文字で書かれたもののように読めば意味が分かるというものではないので、時代や使い方、そこに生きていた人たちのことを知るためには、一定の知識や技術、経験を身につける必要があります。

それぞれの「モノ」には意味がある。その意味を読み解《と》いていくってことですね。

「型式」を比べ変化を知り、「層位」で時間の関係を調べる

考古学の基本には「型式学」と「層位学」という二つの考え方があります。例えば、ディズニーキャラクターのミッキーマウスは年代によって顔や体つきが変化しているのをご存じですか？　他には自動車なども、同じ車種でも年代によって形が変化しています。車が好きな人であれば、外形を見ただけで「○○○の何年式」なんて分かります。変化する形によって年代を知ったり、同じ年代のものの中で形の違いを比べたりすることを「型式学」と言います。これは考古学の基本です。

ものの形の変化から時代の変化を考えるってことだね。

古墳の発掘の様子（西都原《さいとばる》100号墳〈西都市〉）

新幹線の型式学（東海道新幹線開業50周年記念クリアファイルより）

そうです。そしてもう一つの「層位学」については、毎日読んでいる新聞で例えてみましょう。毎日届く新聞を、読み終わった後に積み重ねて片付けるとします。誰かが意図的に上下を入れ替えたり、途中のものを抜いたりしなければ、古いものは下に、新しいものほど上になりますね。これを利用して、年代的な前後関係（相対年代）を知ることが「層位学」の考え方です。縄文土器と弥生土器が同じ遺跡から出土した場合、縄文土器が出てくる地層の方が下、つまり深い位置にあることになります。

身近なことにも考古学の考え方で説明できることってあるんですね。発掘調査でハケを使って細かな作業をしているイメージしかなかったけれど…。

考古学の基礎的な作業は発掘調査です。発掘によって得られた遺構のデータや出土した遺物によって、その遺跡の時代の自然環境、そこに生きていた人たちの暮らしぶり、他の地域との交流の様子など、様々なことを考えていくのです。その際にも「型式学と層位学」の基本的な考え方によって調査と研究を進めていきます。大地に刻《きざ》まれた古代の人びとの生きた証を、発掘という地道な作業の積み重ねによって一つずつ明らかにすることで、歴史を復元していくのです。

神話と考古学

「神話のふるさと」宮崎県

宮崎県は「神話のふるさと」って聞いたけど、神話も大昔のことだよね？

そうですね。私たちが住んでいる宮崎県にはたくさんの神話とそれに縁の

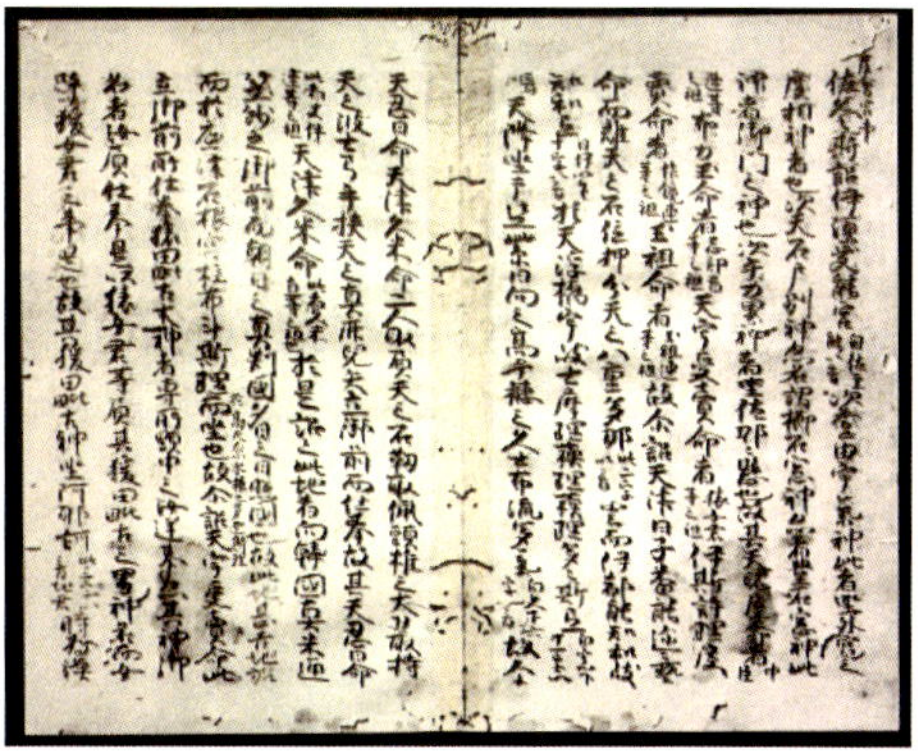

『古事記』国宝真福寺本
（国立国会図書館デジタルコレクションより）

ある場所があります。

学校で「海幸彦《うみさちひこ》と山幸彦《やまさちひこ》」の話を習ったけど……。

「海幸山幸」の他にも「禊《みそ》ぎの池」とか「天《あま》の岩戸《いわと》」とか「天孫降臨《てんそんこうりん》」とか「コノハナサクヤヒメ」とか……。

そして「神武東征《じんむとうせい》」とかも宮崎県が関係していますね。

神話とは、今から約1300年前の奈良時代のはじめの頃にまとめられた『古事記』と『日本書紀』という書物に書かれている話です。この二つの書物は、私たちの国の歴史を初めてまとめたものです。天地創造と言われる世界が生まれる時のことから、多くの神様たちが活躍した時代、そして天皇を中心に人間の時代までが描かれています。初代の天皇とされる神武天皇が即位してからのことが「人の世」、それ以前が「神の世」で、その神の世の話を「神話」と言います。この神話では大きく分けて三つの場所が舞台となっていて、天高くにある神様だけが住む場所を舞台とするのが「高天原《たかあまのはら》神話」、地上の出雲《いずも》地方（今の島根県）を舞台とするのが「出雲神話」、そして私たちのすむ宮崎県は昔は日向《ひむか・ひゅうが》と言われていたのでそこを舞台とするのが「日向神話」と言います。日本の神話はこの三つで出来ています。

でも神話って神様の話だから、人間の歴史ではないのでは？

そうですね。神様は特殊な能力を持っていて、天地を作ったり、日本の島々を作ったりして、天上界にいたり、海の底に行ったり、地底の世界に行ったりと、私たち人間とは違う存在です。科学的に考えると、人間とは違う神様たちのお話、つまり神話とは、わたしたち人間の歴史ではないということにな

禊ぎ池（宮崎市阿波岐原町江田神社近く）

ります。ただし、「物語」には人間の想像力が働いています。何かの意図をもって、何かを伝えるために、あるいは何かを象徴するためのものだとも考えられています。

そこには人間の歴史が反映しているということですね。

イザナキ、イザナミ神話

それに、そんな神話の世界の一場面が、現実の考古学の世界、つまり遺跡で発見されることもあります。

現実にあったということですか？

物語としての神話を作り、語り継いできた人たちの中には、現実に存在する古墳の内部のことを知っていたり、様々な品物や場所に人間を超える存在としての神様を感じていた人がいたのかもしれません。

それはすごい。どんなものがあるんですか。

イザナキノミコト、イザナミノミコトという夫婦の神様の話を知っていますか？　まだ、今の日本列島ができあがる前、ふわふわと漂っている状態の時に、しっかりとした大地を作り、そこで夫婦が協力してたくさんの島々や神様を産みました。山の神、海の神、風の神、木の神などあらゆる神様を産みましたが、最後に火の神を産んだ時に体を焼かれてイザナミノミコトは死んでしまいました。愛するイザナミを亡くして大変悲しんだイザナキは、死者の国である黄泉《よみ》の国へイザナミに会いにいきます。そこで、蛆《うじ》がたかっている変わり果てたイザナミの姿をみて、恐ろしくなって逃げます。イザナミは怒って黄泉の国の魔物に追いかけさせますが、イザナキが髪に差していた竹の櫛《くし》を投げると、筍《たけのこ》が生えてきて、魔物がそれを食べている間に逃げ切ることができた、という話です。

聞いたことがあります。不思議な話ですね。

無事に逃げることができて、この世に戻ったイザナキノミコトは、穢《けが》れた世界に行ったことを後悔して、「筑紫《つくし》の日向《ひむか》の橘《たちばな》の小戸《おど》の阿波岐原《あわきはら》」という場所で禊ぎをして身を清めます。この禊ぎによってもたくさんの神様が生まれますが、最後に生まれたのが、天照大神《あまてらすおおみかみ》と月読命《つくよみのみこと》、須佐野男命《すさのおのみこと》の三貴神です。

天照大神は太陽の神様として一番有名な神様ですね。

遺跡に残る神話の場面

そうですね。この禊ぎをした場所は、宮崎市の阿波岐原町の江田神社の近くとされています。神社の裏の公園内には禊ぎ池と呼ばれる場所もありますね。このイザナキとイザナミの話の一場面を思い出させるものが、宮崎県内の古墳から実際に出土しています。

そんなことがあるんですか?

地下式横穴墓《ちかしきよこあなぼ》という南九州だけに分布する古墳時代の特徴的なお墓があります。普通の古墳が、土を盛り上げた墳丘の中に人を埋葬する施設を作るのに対して、地下式横穴墓は、地面の下に空洞を掘って、その中に死者を埋葬します。そしてこの地下式横穴墓からは、保存状態が非常に良い鉄製品と人骨が出土することが知られています。副葬品として埋葬された人の近くに置かれていた甲冑《よろいかぶと》や刀、鉄鏃《てつぞく》などの鉄製品が出土しますが、その鉄製品にハエの幼虫である蛆が蛹《さなぎ》になった痕跡が残っていることがあります。

蛆虫サナギ痕
西都原4号地下式横穴墓から出土した鉄製短甲に付着していた

どうしてお墓の中にハエがいるの？

地下式横穴墓は、埋葬した後に入口を粘土や石などで塞《ふさ》ぎますから、あとからハエが入ってくることは考えられません。人が亡くなって、埋葬するための地下式横穴墓を掘っている間（数日～1週間程度）は、遺体は涼しい場所にでも安置していたと思いますが、その時にハエが飛んできて遺体に卵を産み付けたのではないかと思います。ハエの卵は産卵から孵化《ふか》まで2週間程度と言われていますので、地下式横穴墓に埋葬された後に墓室の中で孵化して蛆になったと思います。また墓室内は非常に湿度が高いことから、副葬品として遺体近くに納められた鉄製品が急速に錆びていきます。その時に遺体にわいた蛆がその鉄製品の錆《さび》にくっついてしまったと考えられます。あまり想像したくない情景ですが、地下の空洞に埋葬された遺体に蛆がわくという場面は、まさにイザナキが黄泉の国で見た情景のようです。

イザナキが行った黄泉の国は、実は地下式横穴墓だったってことですか？

断定できませんが、イザナキが逃げる時に走ったところは黄泉比良坂《よみのひらさか》という坂道で、その出口を大きな岩で塞いだという表現から、古墳の埋葬施設の一つである横穴式石室ではなかったかとも言われています。いずれにしても、この神話の作者は、遺体が埋葬された古墳の中を良く知っている人、あるいは実際に中に入ったことのある人ではないかと思います。

語り継がれる記憶・記録される物語

以前に、古墳から櫛が出土したという話を聞いたことがあります。

神話と古墳のつながりを物語ってくれる出土品です。黄泉の国の魔物に追わ

竪櫛（延岡市浄土寺山古墳石棺内出土）

れたイザナキが、髪に差していた竹の櫛を投げて魔物から逃げ切るという場面です。これは竹の櫛が邪悪なものから守ってくれたと言えます。延岡市にある浄土《じょうど》寺山《じやま》古墳からは大きな石棺が出土しましたが、その石棺を開けるとたくさんの竹の櫛が全体にばらまかれていたと報告されています。ここでいう竹の櫛とは、竪櫛《たてぐし》といって髪に差して使うものです。もし、遺体の髪に差してあったなら、石棺内の一箇所にまとまってあったはずです。全体にばらまかれていたということは、竹の櫛に邪悪なものから守る力があるということを、古墳時代の人たちも知っていたということだと思います。

神話の世界と、現実の古墳からの出土品がつながっているということですね。

そうですね。神話という物語にも、そのモチーフとして現実の世界のことが描かれていると思います。特に奈良時代の直前、古墳時代のことは身近な記憶として大きな影響を与えていると思います。語り継がれてきた記憶が、神話として書物に記録されて、現代まで伝わっているのです。神話を単なる作り話として片付けるよりも、どんなことを伝えようとしているのか、どんな歴史的事実が隠されているのかを考えてみるのも面白いと思います。

・「記憶」と「記録」。そこをつなぐ考古学ってことなんですね。

・学校で習ったことが面白くなってきたね。

では、展示室をご案内します。こちらへどうぞ……。

1の章
宮崎の大地に人が住み暮らし始めた
―旧石器時代と宮崎―

人類の移動と宮崎での足跡

人類の「出アフリカ」

僕たちのご先祖様は昔から宮崎にいたの？　それともどこかからやってきたのかな？

これまでの研究によって、人骨が見つかった場所やＤＮＡの分析から、人類の起源はアフリカだったことが分かっています。アフリカで誕生した人類は何種かあるのですが、その中で私たちと同じ人類、つまり現生人類であるホモ・サピエンスは、約25万年前から20万年前に原人から旧人を経て進化した人びとだったといわれています。

人類のふるさとはアフリカなんだ。

現生人類はそのとても長い歴史の中で、アフリカから何回か旅立っていきます。この旅を「出《しゅつ》アフリカ」といいます。私たち日本人を含む現生人類は、約8万年前から5万年前に出アフリカを果たした人たちの子孫だと考えられています。

僕たちのご先祖様はすごい昔、とても遠

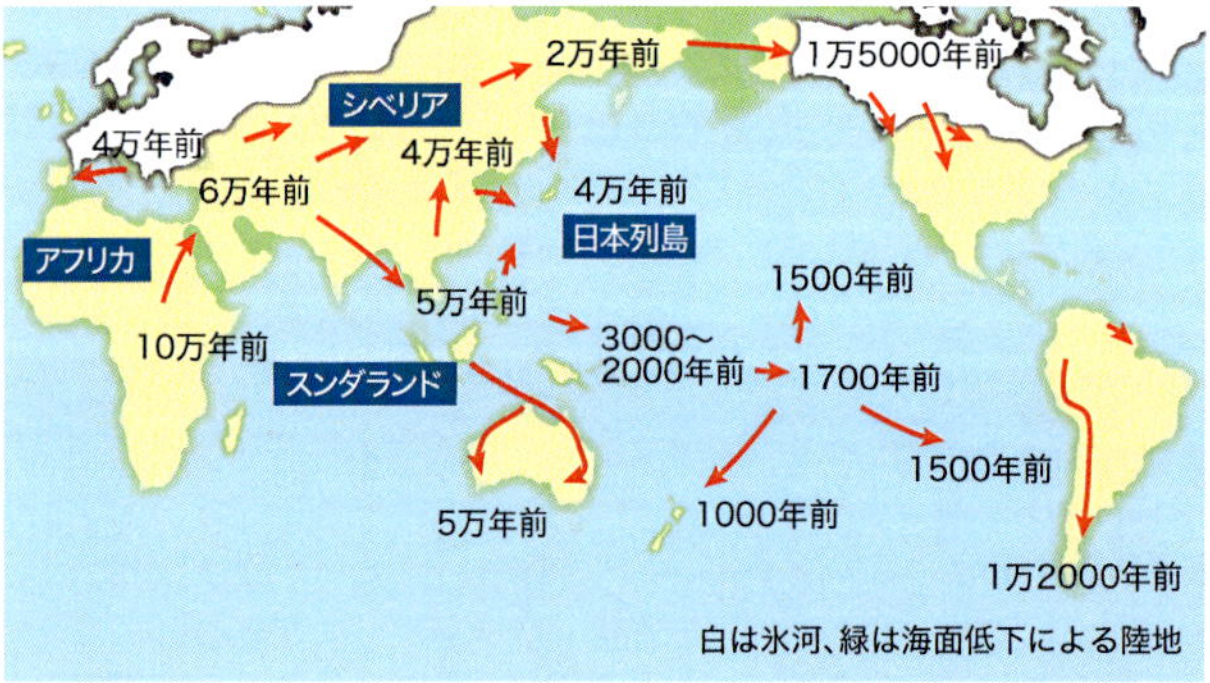

出アフリカ（堤2009より　一部改変）

宮崎県出土の
旧石器

旧石器展示コーナー

くからやってきたんだね！

川南町の後牟田遺跡

じゃあ、宮崎にはいつ頃から人が来ていたの？

現在宮崎県で見つかっている一番古い人の痕跡は、川南町の後牟田《うしろむた》遺跡という旧石器《きゅうせっき》時代の遺跡で見つかっています。この遺跡から、約4万年前から3万5千年前のものと考えられる痕跡《こんせき》が見つかっていますので、おそらくその頃には宮崎に人が住んでいたといえるでしょう。

宮崎の歴史ってとても古くからあるんですね。どんな痕跡が残っていたんですか？

遺跡で発見される多くの痕跡は土の中から発掘されます。しかし日本はほとんどの地域が酸性の土なので、骨や植物などはとても残りにくく、骨や木で作った道具や、もちろん人骨も見つかることは非常に希《まれ》です。そのため、痕跡というのは主に酸性の土でもとけない石で作った道具、つまり石器になります。その頃よりも少し新しい時期のものですが、展示室の最初の旧石器時代のコーナーにもこういったたくさんの石器があります。

ほんとだ。鋭い石のかけらがたくさん並んでいる。

この石器から何年前につくられたか分かるんですね。

石器から分かる場合もあるのですが、それだけでは分かりにくい場合もあります。例えば、石の道具をつくるためには一つの石を何回もたたき割って、道具に使えそうな破片をつくらないといけません。その途中で多くの細かい破片ができます。遺跡から見つかる石器は、道具以外にそうした細かい破片も含まれますので、そうした破片そのものから時代を特定することはとても難しいのです。その場合は、石器の作り方が時代によって違うので、その作り方を読みとったり、石器が出土した地層や、地層に入っている火山灰や炭化物を科学分析したりして年代を求めます。

なるほど。

テリトリー（領域）の移動と交流

そんな大昔の人びとはどんな生活をしていたの？
お家に住んでいたのかな。

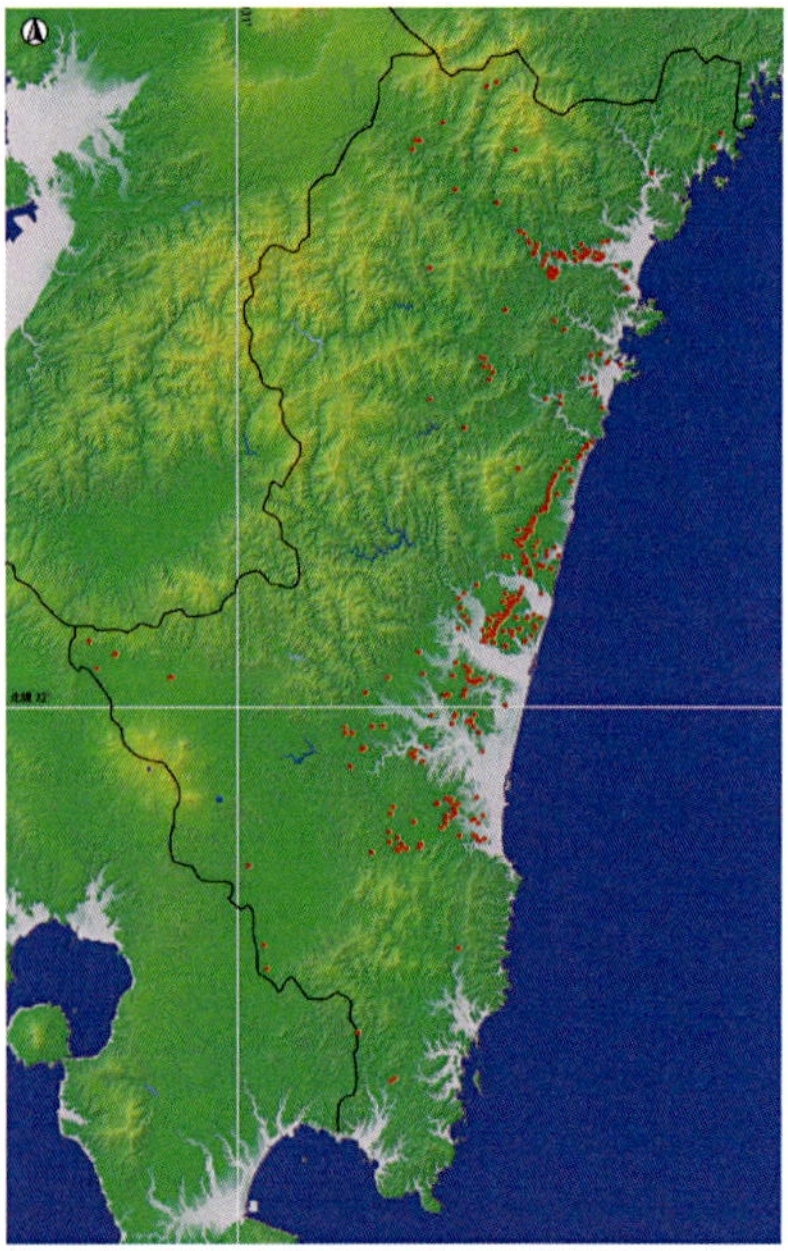
宮崎県旧石器時代遺跡分布図（日本旧石器学会2010より）

宮崎では、これまでに約250か所以上の旧石器時代の遺跡が確認されています。しかし、これだけ多くの遺跡があるにもかかわらず、家を作って定住していたような痕跡はありません。おそらく今でも存在している狩猟採集民のように、移動しながら狩りや採集をして食べ物を手に入れて、自分たち以外のグループと交流したり、婚姻関係をもったりしながら生活をしていたと考えられます。そういった人びとは一か所にずっと住むことなく、自分たちのテリトリー（領域）をぐるぐる移動する生活を行っています。そうした生活の中で、その場その場で休むためのとても簡単な施設を作ったと思いますが、そういった痕跡が残りにくい簡単な作りのテントのようなものはあったかもしれませんね。

でも移動しながら生活していたとしたら、宮崎人とはいえないかもしれませんよね？

そうですね。旧石器時代の人びとは移動しながら暮らしていましたが、その中でも遠くまで移動する人びとと、遠くまでは移動しない人びとがいたと考えられています。なぜなら、旧石器時代の遺跡から出土する石器は、広い範囲で見つかる石を素材とするものがある一方で、ある程度限られた範囲でしか見つからない石を素材としている場合があるからです。また、特定の場所に遺跡が集中したり、遺跡が全然見つからないような場所もあったりします。こうした状況を考えると、近場《ちかば》しか移動しないような人びとや、遠くから移動してきた人びとが、その後宮崎に定住してご先祖様になったのではないかと考えられます。

なるほどねぇ。そうやっていろんな人びとが宮崎にきて交流していって私たちになったのね。

火山と台地 ——南九州・宮崎の自然環境——

風景が一変した！

その頃も今みたいに自然がたくさんあったのかな？

当時は寒い氷河期みたいなイメージがあるので、今みたいな自然はなかったんじゃないですか？

旧石器時代はとても長い時代です。人類の歴史の中でみれば、99％は定住せ

平成23年の新燃岳の噴火（西都市史編さん委員会2016より）

ず土器も使われていない旧石器時代になります。その長い人類の歴史の中で、宮崎に4万年前から人がいたと仮定しても、次に訪れる、定住生活を送りおそらくは旧石器時代と比べて食生活も豊かだったであろう縄文時代まで、約3万年にわたり旧石器時代が続いたことになります。その3万年間では多くの環境の変化があったことが分かっています。4万年前から3万5千年前は、氷期という寒い時代ではあるのですが、その頃は亜間氷期《あかんひょうき》と呼ばれていて、氷期の中では比較的温暖で湿潤な環境だったといわれています。現代の気温と比較してだいたい1～2℃低いぐらいでしょうか。またスギ属やブナ属、コナラ亜属などの落葉広葉樹が多い植生だったことが分かっていますから、皆さんが思い浮かべるような雪と氷の氷河期というイメージとは少し違うかもしれません。

なんか今とそんなに変わらないような気がしますね。

今見てる風景を当時の人たちも見ていたんですね。

いいえ、気温や植生は現代から推測することは可能ですが、見ている風景は大きく違っていたはずです。なぜなら、当時の風景を大きく変えるほどの出来事が起こったからです。

・えっ、どんな出来事があったの!?　知りたい。知りたい。

姶良カルデラの大噴火とシラス台地

姶良《あいら》カルデラを起源とする大噴火が起こったんです。鹿児島県の桜島《さくらじま》のある湾がありますよね。あの鹿児島湾（錦江湾《きんこうわん》）は実は巨大な火口なんです。そこが姶良カルデラです。これまでに何度か噴火をしていますが、現在も活動している桜島はその一部と言えます。その姶良カルデラで約3万年前に信じられないほど

(左) 姶良カルデラの噴火イメージ
(下右) 九州の主要カルデラと巨大火砕流の到達域 (横山2003より 一部改変)
(下左) 姶良丹沢火山灰 (AT) の産出地点 (町田・新井1994より 一部改変)

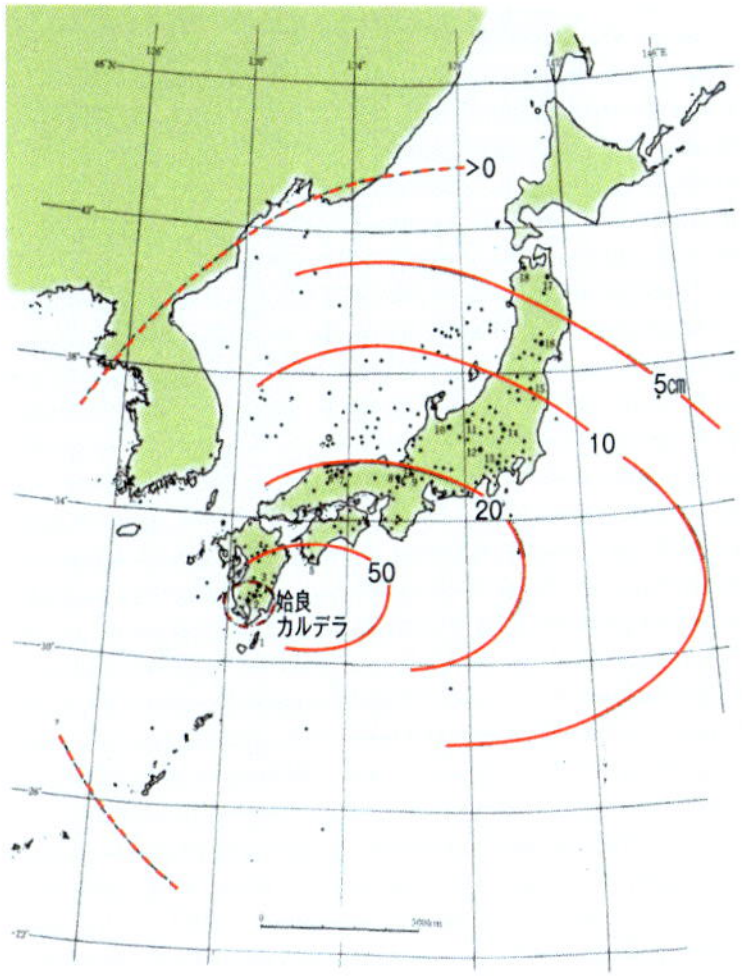

の大噴火がおこって当時の人たちと自然を襲ったのです。

火山の噴火ってどんな感じだったのかな？

最近では桜島や新燃岳《しんもえだけ》が噴火しているけど、あんなイメージなのかしら。

展示室の入口には噴火のイメージ映像が映し出されています。スクリーンとして使っているのは、実際に姶良カルデラから流出した火砕流です。近年、私たちの記憶に新しい新燃岳の噴火では宮崎県の南部に多くの火山灰が降り、火口付近では火砕流の警戒範囲が２～３㎞ほどでした。それでも私たちには充分すぎるほどのインパクトでしたし、非常に怖い体験だったと思います。しかし、約３万年前の姶良カルデラを起源とする大噴火では大量の火砕流が噴出し、鹿児島周辺だけでなく、宮崎市を越え、西都市の目前まで火砕流が迫っています。とめどなく押し寄

火砕流の規模を物語るシラス台地
（西都市史編さん委員会2016より）

南九州の地層と火山灰
南九州の地層にはATなど様々な火山灰層がみとめられ、幾度となく訪れた火山噴火の痕跡を示す。（写真下から４番目の黄色い地層がAT層）

せる火砕流は、当時の森を焼き、人間や動物を押しつぶし、谷を埋め、元々の地形を大きく変えるほど堆積しました。この堆積した火砕流はシラスと呼ばれます。

それは学校で習ったシラス台地のこと？

そのとおりです。大量の火砕流は分厚く堆積し、シラス台地を形成しました。堆積の厚い地域では、高さ１００ｍを超える台地ができたほどです。例えるなら、場所によっては40階建ての超高層ビルの高さまで高温の火砕流で埋め尽くされたことになります。

ええー！　そんなに？

姶良カルデラの大噴火に伴って噴出された火山灰のことを、われわれ研究者はＡＴ（姶良－丹沢《たんざわ》火山灰）と呼んでいます。ＡＴは、九州はもとより日本各地に降り積もり、朝鮮半島やシベリアまで降灰したことが確認されていますから、噴火の規模がいかに大きかったかが分かります。そのため、姶良カルデラを起源とする大噴火が起きる前と後では、まったく異なる風景だったはずです。

とんでもない出来事ですね。今の私たちからはとても想像できない。

とてつもない自然災害でしたが、その大噴火によって形成されたシラス台地が、現在の南九州の地形や風土の基礎となり、歴史や文化の土台を作り上げたと

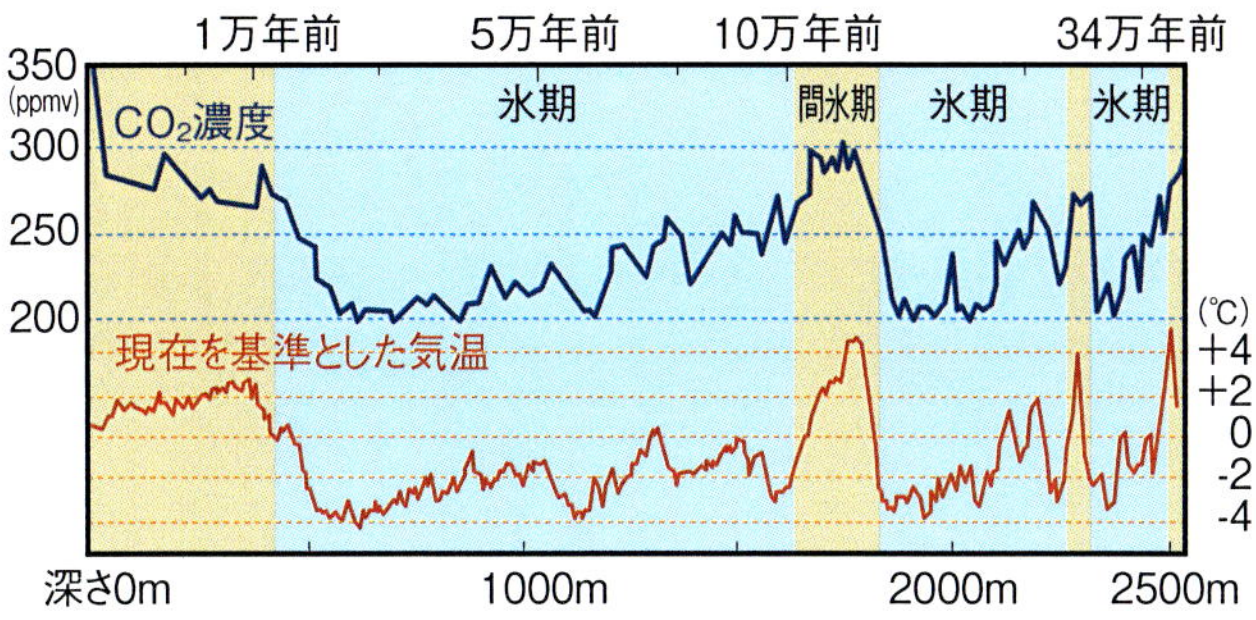

気候変動（堤2009より　一部改変）

も言えます。

南九州のシラス台地はそんな自然の歴史が刻まれているんですね。その信じられないような自然災害が今の南九州や宮崎の生活の基盤を作ったんですね。

寒冷化と温暖化

宮崎が雪国みたいに寒かった時代

では、今の自然や風景は姶良カルデラの大噴火の後からずっと続いているということですか？

姶良カルデラを起源とする大噴火やシラス台地の形成は、今の風景ができる土台を作りましたが、その後は今とは大きく自然環境が異なっていました。先ほど旧石器時代は氷河期のイメージがあると言われましたが、まさにこの頃、約2万8千年前から2万4千年前がそうした氷河期の最寒冷期にあたります。我々はこの時期をＬＧＭ（Last Glacial Maximum　最終氷期最寒冷期）と呼んでいます。ＬＧＭはグリーンランドや南極の氷の分析などにより、全世界的に今よりずっと寒い時期で、とても乾燥した気候だったことが分かっています。

じゃあ大噴火の後にとても寒い時代がやってきたんだね。

とっても寒いってどのくらい寒かったの？

平均的な気温でいうと約4℃から13℃も低かったようです。単純には比較できませんが、宮崎で一番寒い時期は1月で、平均気温7・5℃です。それより10℃低いということは、平均気温がマイナス3・5℃くらいということですから、だいたい今の北海道の冬ぐらいの気温だったと言えます。ですから、肌に感じる

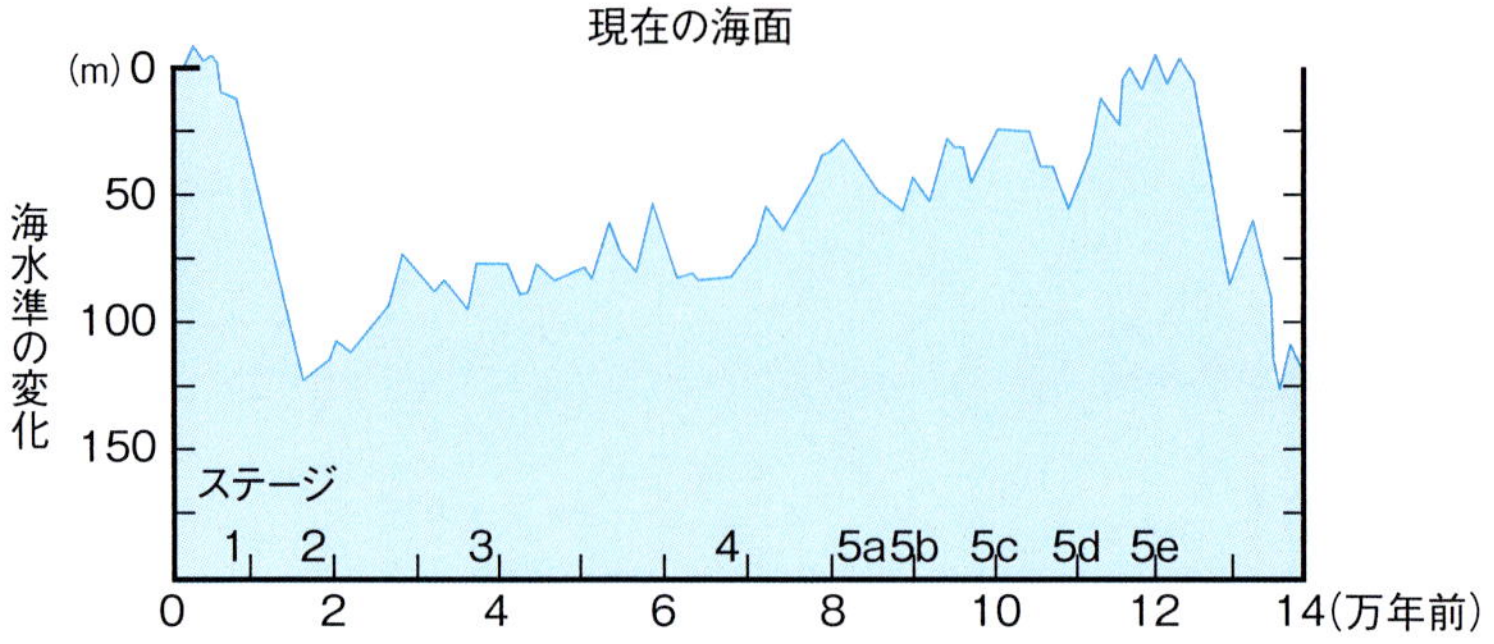

海面変化（堤2009より　一部改変）

寒さはまさに雪国といえるぐらい寒かったはずです。

そんなに違うんだ。

それだけ平均気温が違うということは、その頃は今とだいぶ風景が違っていたんでしょうね。

ＬＧＭは世界的に気温が低かったために、今より氷河や氷床も発達していましたし、乾燥した気候によって海水を構成している水分も蒸発していたため、地球上の海水量も減少していたといわれています。その影響で海水面は現在よりも１００ｍから１２０ｍも低下して、海岸線も今とだいぶ異なっていたと考えられています。

海の水が少ないってことは、今の海の一部は陸地だったってこと？

日本列島は大陸と繋がっていて、日本海は湖、瀬戸内海は低地が広がって大きな川が流れていたと考えられています。

へぇ、すごい。

ちょっと想像できないですね。瀬戸内海が地面続きだったなんて……。

縄文海進と貝塚

じゃあ逆に今より暖かかったことはあるの？

ＬＧＭを過ぎ、寒暖の変化が数十年周期で繰り返される時期を経て、どんどん暖かい気候になっていきます。縄文時代の前期頃、約７千年前は温暖湿潤な気候で、平均気温は現代よりも１～２℃高かったといわれています。たった１～２℃の違いでも、海水面は現在よりも平均して２ｍから３ｍ程度高く、場所によっては更に高い所まで海岸線が内陸に入りこんでいたといわれています。この頃の

跡江《あとえ》貝塚遠景

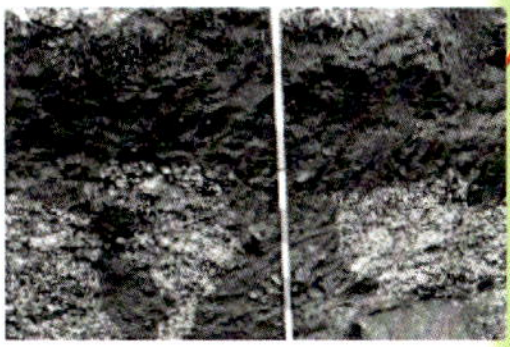

跡江貝塚の発掘の様子

縄文海進期の宮崎平野と貝塚の分布（宮崎県1997より　一部改変）
縄文海進期の貝塚は丘陵上で見つかる。

柏田《かしわだ》貝塚遠景

海水面上昇のことを縄文海進《じょうもんかいしん》と呼んでいます。そのため、縄文海進の頃は今の宮崎市街地や宮崎平野部の多くの場所が、海か湿地だったと考えられます。

たった1～2℃違うだけで、海岸線はそんなにも違うのですね。

なんだか温暖化が身近なものに感じてきました。

でもどうしてそんなことが分かるの？

実は遺跡がどこにあるのかで分かります。特に、当時の人びとが食べたものを捨てた跡である貝塚《かいづか》のある場所から推測できます。貝塚は海でとれた貝を捨てることによって形成されている場合が多いので、当然海の近くで見つかることが多いのです。宮崎市内にもその頃の貝塚がいくつかあり、代表的な貝塚としては跡江《あとえ》貝塚や柏《かし》田《わだ》貝塚があります。こういった貝塚は、丘陵の上で見つかり、今の海岸線付近や標高の低い場所では見つかっていません。このように貝塚の立地は当時の海岸線が今よりも内陸に進んでいたことを教えてくれます。つまり、温暖化していた証拠といえます。

なるほど。遺跡のある場所だけでもいろんなことが分かるんですね。

じゃあ暖かくなってきたときってどんな生活をしていたのかな？

次の時代は縄文時代のはずだけど、旧石器時代とはだいぶ違ったイメージがあるわね。

2の章
大地を耕して定住が始まった
―縄文時代の宮崎―

縄文時代の暮らしのイメージ

狩猟と採集　土器の発明

落とし穴

宮崎は自然豊かな土地であり、それは、縄文時代でも同じでした。そして、山や台地、平野、海や川を舞台に、動物や鳥を捕まえる狩猟や木の実などを採集するといった、さまざまな営みが繰り広げられてきました。

縄文時代は、狩猟・採集の時代であったと学校で習ったけど、宮崎県内ではどんな遺跡が見つかっているんですか？

まず、狩猟から見ていきましょう。縄文人による狩猟方法の一つに落とし穴猟があります。落とし穴は、台地の縁とか台地に入り込んだ小さな谷沿いに、一つから二つ程度が接近して並ぶように掘られていました。落とし穴の底には、逆茂木《さかもぎ》と呼ばれる、落ちた動物に刺さる木杭《きぐい》を立てていることもあります。

落とし穴猟で捕まる動物にはどんなものがいたんですか？

イノシシやシカだったと思います。落とし穴を使った狩猟は、対象となった動物の行動やそれに応じた狩猟の方法と深く関係していたでしょうね。

石鏃と石錘

動物を落とし穴に追い込まなくてはいけないですよね。どうやっていたのか

縄文時代の落とし穴とそれを半分にたちわった様子（長薗原《ながそんばる》遺跡〈宮崎市〉）
落とし穴の底には逆茂木《さかもぎ》を立てた小穴がある。

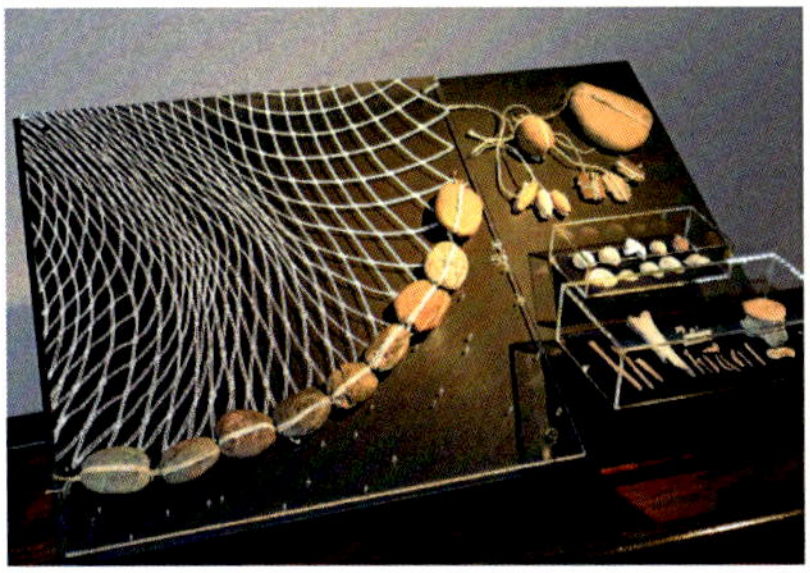

（右）宮崎・鹿児島県内から出土した縄文時代の石鏃と石錘
（上）網に錘として付けられた石錘のイメージ

な？

追い込むには道具がつかわれました。道具の一つに、石で作った矢尻（石《せき》鏃《ぞく》）をつけた弓矢があります。唐木戸《からきど》第4遺跡（高鍋町）では、石鏃が作られた場所と使用された場所とが一緒に見つかっています。まず、丘の上からは、石鏃を作る際に生じた大量の割り滓《かす》とともに石鏃の失敗品等も出土しており、石鏃を作った場所であったと考えられます。そして、丘を下りて小さな沢につながる低地では、先端がちょっとだけ欠けたようなほぼ完全な形で残る石鏃だけがいくつか出土したことから、狩猟に使ってそのまま回収されなかった矢の残骸《ざんがい》であろうと考えられています。

海や川にいる魚とかも獲っていたのかしら？

縄文時代の松添貝塚（宮崎市）からは、魚や動物を捕まえるための道具や、獲物を解体・調理・加工するために必要な、石や鹿角《ろっかく》で作られた道具等が数多く見つかっています。石を打ち欠いて紐掛けをつくり出し、魚を捕るための網のおもりにしたと考えられる石錘《せきすい》も見られますが、縄文時代の平畑《ひらはた》遺跡（宮崎市）で約３５０点、下弓田《したゆみた》B遺跡（串間市）で１１０点など、一つの遺跡から大量に出土する特徴があります。

なぜそんなにたくさん見つかるの？

その背景としては、そもそも魚が豊富であること、宮崎を流れる川には、石錘の素材となる礫《れき》（小さい石）がたくさんあること、この相乗効果が石錘を多く利用する一因になった可能性が高いといわれています。宮崎の環境に対応した生業《せいぎょう》のあり方なのでしょうね。

塚原《つかばる》遺跡（国富町）・椎屋形《しいやかた》第1遺跡（宮崎市）から出土した宮崎最古クラスの縄文土器

宮崎・鹿児島県内から出土した縄文時代早期の煮炊き用の土器

採集と土器

採集というと、ドングリのイメージがありますが、実際はどうなのですか？

近年の発掘調査では、遺跡の土の中に埋まっている炭になった木の実等を回収して、当時は何を採っていたのかを探るために、遺跡の土を乾かした上で洗っています。土を掘るだけでは分かりにくい炭ですが、土を洗うことでプカプカと炭だけが浮いてきて、その中には食べ物として採られた木の実のかけらが含まれることから、当時の食べ物を知る手がかりをつかむことができるわけです。その成果からは、縄文時代の宮崎では、イチイガシやツブラジイ、クリなどを採っていたと分かってきました。このほか、ヤマイモやノビル、キノコ類も採っていたと考えられます。日本列島最古のノビルの仲間の可能性があるネギ属鱗茎《りんけい》が、王子原《おうじばる》遺跡（都城市）で見つかっています。

一口に狩猟採集といっても、豊かだったのですね。

縄文人は、季節や嗜好《しこう》の変化にあわせ、自らを取り巻く自然環境に柔軟に対応して海の幸・山の幸を利用してきたということなのでしょう。

土器を使い始めたのも縄文時代だと学校で習いました。

宮崎でも、縄文時代の古い段階に使われた土器がたくさん見つかっています。たとえば、上猪ノ原《かみいのはる》遺跡（宮崎市）では、縄文時代の始まりの頃の集落が発見されて、たくさんの土器や石器が一緒に見つか

縄文カレンダー

っています。土器の中には、貝殻《かいがら》や人の爪などで文様《もんよう》を付けたものもあります。

土器が発明され使い始められたことで、どのように生活が変わったのかしら？

一つには、より充実した調理方法が生まれたと思います。土器だけでなく、人々はいろんな道具を発明し使うことで、素手だけではできなかったこと、たとえば飛ぶ鳥を捕まえたり、食べ物を上手に蓄えることができたりと、さまざまなことを今まで以上に効率よく実現できるようになったといえます。

石器や土器と一口に言っても、その形や用途はたくさんあるんだね。全部、生きていくために必要な食べ物を採ったり、食事を作ったりするための道具なんだね。

縄文時代からずっと引き継がれて、そして新たに付け加えられてきた自然に対する経験や知識の蓄積は、私たちにとって貴重な文化の幸といえそうですね。

四季の恵みをいただく ――縄文カレンダー――

この時代の人たちってどんな食べ物を食べてたのかな。

上の図を見てください。縄文カレンダーといって國學院《こくがくいん》大學の小林達雄名誉教授が作ったもので、縄文時代の食べ物の季節変化を表しています。縄文人は、夏はマグロやカツオなどの

蒸し焼き料理をした集石（内野々《うちのの》遺跡〈美郷町〉）とそのイメージ

漁労、冬はイノシシ、シカ、ウサギなどの狩猟、春や秋はゼンマイやクリなどの採集をしていたと考えられています。

季節ごとの自然の恵みに合わせて、生活を送っていたということですね。今は、お店に行けば、どんなものでも季節に関係なくほとんど揃《そろ》っているから、季節感はかなりなくなっているね。

旬のものって、その季節、その時期に食べるからこそ美味《おい》しいのにね。

何だかおなかすいてきちゃった。でもどうして縄文時代に食べられていたものが分かるんですか？

タイムマシーンで見てきたとか？

遺跡の発掘調査によって発見された遺構や遺物を調べることによって、それぞれの時代の人たちの生活の様子が分かってくるんだよ。

燻製や蒸し焼き料理

この時代の遺構、遺物ってどんなものがあるんですか？

この時代の遺構としては、動物を捕るための落とし穴はお話ししましたが、地面を掘ったり削ったりして作った家の跡、それに貯蔵用の穴や、肉を燻製《くんせい》にする炉穴《ろあな》、焼いた石で蒸し焼き料理をした集石などがあります。

遺物には、どんなものがあるのですか？

遺物は、手に持って動かすことができる道具などのことで、獲物を捕るための矢尻のほかに、木の実をすりつぶすための磨石《すりいし》や石皿、煮炊き・貯蔵するための土器、それに自然遺物と言われる炭化した穀物《こくもつ》類や貝殻、魚や動物の骨などがあります。土器の中には、外側に煤《すす》がついたものや内側におこげなどがついてい

燻製をした炉穴（札ノ元《ふだのもと》遺跡〈宮崎市〉）とそのイメージ

るものがあって、どのような調理法でどのような料理が作られていたのか推測することができます。

燻製とか蒸し焼きって言いましたけど、どんな方法だったのですか？

宮崎県では、炉穴や集石遺構とよばれる調理施設がたくさん見つかっています。炉穴は、大小二つの穴をトンネルでつなぎ、小さい穴には肉を吊《つる》し、大きな穴の中で火を焚きます。すると、煙がトンネルをとおって肉を燻《いぶ》して、燻製ができる仕組みになっています。集石遺構は、地面を少し掘りくぼめたところに焼いた石を集めて、その上に木の葉などで包んだ肉や魚などを置き、その上に土をかぶせることで、蒸し焼き料理ができるのです。現在でも、南太平洋の島々では、これと同じ調理法が見られます。

山や海で手に入れたものをいろいろな方法で調理していたのね。

木の実は、採ってきたものをそのまま食べてたのですか？

木の実などは、そのまま食べられるものもありますが、ドングリの多くはアクがあって渋くて食べられないので、石で砕いて水にさらしたり、土器で煮たりと工夫していたのです。アクをぬいた木の実は、土器で煮て、おかゆや雑炊《ぞうすい》のようにして食べた他に、遺跡からはパンやクッキーのような形で見つかることもあるので、ドングリの粉を固めて、焼いて食べることもあったと思います。秋になると安定して収穫できる木の実は、当時の最も重要な食糧だったかもしれません。

狩猟や採集で得たものを、貯蔵穴で保存したり、燻製にして長持ちさせたりと、いろんな工夫をしていたのですね。

松添《まつぞえ》貝塚（宮崎市）の発掘で貝がらの埋まり方を調べている様子

〝ゴミの山〟は〝宝の山〟

貝塚から分かる食べ物

ところでゴミと考古学というと、どんなことをイメージしますか？ 考古学でゴミといえば、人々が食べた魚貝や動物の骨などを棄てた「ゴミ山」である貝塚が分かりやすいです。

貝塚のことは、学校の授業で習ったよ。

宮崎県内では、青島の近くにあって今は歴史公園になっている松添《まつぞえ》貝塚（宮崎市）をはじめ、跡江貝塚（宮崎市）や城ケ峰《じょうがみね》貝塚（宮崎市）、大貫《おおぬき》貝塚（延岡市）など、縄文時代の貝塚が約10か所見つかっています。

縄文時代の人たちは、ずっと後の時代にゴミ捨て場を掘り返されることになるなんて思っていなかったでしょうね。

貝塚は〝ゴミの山〟とはいえ、当時の生活や社会に関する多くの情報を私たちに教えてくれる〝宝の山〟でもあるのです。

貝塚から分かる縄文時代の食べ物って何がありますか？

宮崎市の松添貝塚を例に挙げると、まず、アワビ・カキ・ハマグリ・アサリ・サザエ・サルボウといった貝がたくさん出ています。海の魚ではブダイ・イシダイ・アオダイ・スズキ・ブリ・マグロ・ベラ・フグ・エイ等。アカウミガメやクジラ、イルカの仲間の骨までも見つかっています。海だけでなく、イノシシやシカ・ウサギ・タヌキ・ムササビといった動物の骨も出ています。豊かな海の幸・山の幸があったことが分かります。

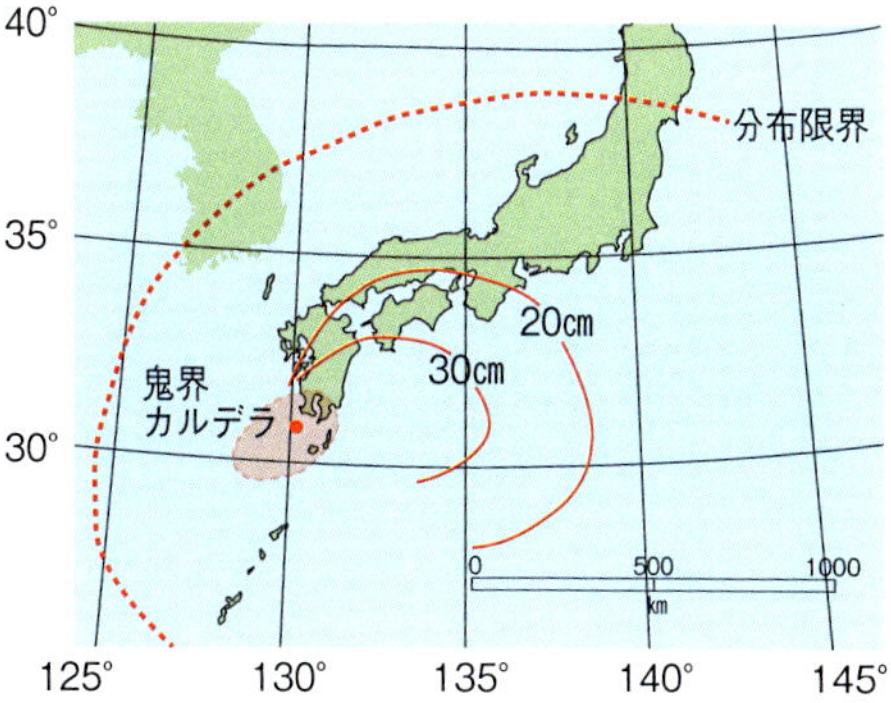

遠くまで降り積もった
鬼界アカホヤ火山灰

再度の火山爆発で

宮崎の縄文時代の貝塚が約10か所というのは、他の地域と比べて多いのかしら？

数としては少ないです。２００１年に集計されたデータですが、例えば隣の熊本県では90か所以上、鹿児島県も島嶼《とうしょ》のものを除いても40か所以上の縄文時代の貝塚が知られていますし、規模も宮崎県内のものと比べて、大きな貝塚が多いです。

なぜ、宮崎県の縄文時代の貝塚は数が少ないのかな？

その理由はいろいろ考えられますが、その一つに、約７３００年前の鬼界《きかい》アカホヤ火山灰による影響があると言われています。宮崎平野でのボーリング調査によれば、縄文海進ピーク時の海岸線に沿って、最大層厚２～３ｍにも及ぶ鬼界アカホヤ火山灰の堆積が確認されています。これは、降灰後に発生した土石流等によって、火山灰が当時の河口付近に再集積した結果と思われます。

２～３ｍも堆積したら、たいへんなことだね……

おそらく海底の様子は一変し、浅瀬も急激に埋め立てられてしまったでしょうから、魚貝類等に壊滅的なダメージを与えたことでしょう。鬼界アカホヤ火山灰が降った後、宮崎では遺跡の数や規模が縮小したと考えられています。貝塚が少ないのも、火山噴火が一因となったのかもしれません。

宮崎に生きた人々の生活と火山災害の関係を、貝塚からもうかがうことができるということですね。

林《はやし》遺跡（延岡市）で見つかった江戸時代の貝がら捨て場

時代や地域で異なる食の好み

縄文時代以外の貝塚もあるの？

貝塚というと縄文時代のイメージが強いと思いますが、弥生時代や古墳時代、江戸時代とかも貝を食べているわけで、縄文時代の貝塚ほど大規模ではないですけど、ゴミ穴に捨てられた貝がらが見つかっています。

縄文時代以外の貝塚からは、どんな歴史が分かってきているのですか？

古墳時代の中野内《なかのうち》遺跡（延岡市）、室町時代の海舞寺《かいまいじ》遺跡（延岡市）から、貝がらがたくさん出土しています。この二つの遺跡は隣接しているのですが、面白いのは、古墳時代・室町時代という800年近くも時代が違っているのに、どちらも集落の近くにある磯場《いそば》や砂浜で貝を採ってきて食べていたことが分かった点です。これは今でも変わらないかもしれませんね。

私はアワビとか好きだけど、当時の人々がどんな貝を好んで食べたとか分かったりするのでしょうか？

時代や地域が違うことで食べる貝の好みが違っていることが分かってきています。城下町近郊の農村であった林《はやし》遺跡（延岡市）では、江戸時代の貝がら捨て場から、江戸時代より前の時代の貝がら捨て場からは出てこなかった種類の貝、たとえばイタヤガイなどが捨てられていました。近くで捕ることのできる貝を食べるということももちろん続いていますが、新たに食べるようになった貝も登場したということです。それは、今につながる貝の好みのはじまりでもあります。同じく江戸時代の例では、力ラ石《ちからいし》の元《もと》遺跡（延岡市）のゴミ穴から、食べ滓を捨てたのでしょうか、カツオ6尾以上の尾びれ等の骨が見つかったりもしています。

将来発掘されるかもと思うと、ゴミもうかつに捨てられないわね。

昔の人が何を食べていたのか、好みは何か、さらには火山災害と暮らしの関係など、当時の人々にとってはゴミの山であった貝塚を通して分かる歴史がたくさんあるというわけです。

骨格のこと

食生活と体格

縄文時代の人たちの食べ物の話があったけど、体つきは今の人たちと変わらなかったのかな？

平均身長は現代人よりも低かったと思うけど…。

成人男性の平均身長を比べると、縄文時代は１５８㎝、弥生時代が１６１㎝、古墳時代が１６３㎝と言われています。

だんだん大きくなってるわね。

ただし、実はそのまま大きくなっているわけでもないのです。弥生時代・古墳時代に１６０㎝を超えていた平均身長が、鎌倉時代や江戸時代には１５５㎝程度に小さくなったと考えられます。これは、肉食を避けた日本人の食生活が関係していると言われます。そして明治時代以降はまた肉食が始まって少しずつ大きくなって、現代人は１７０㎝と言われています。

食生活が体格に影響しているのね。

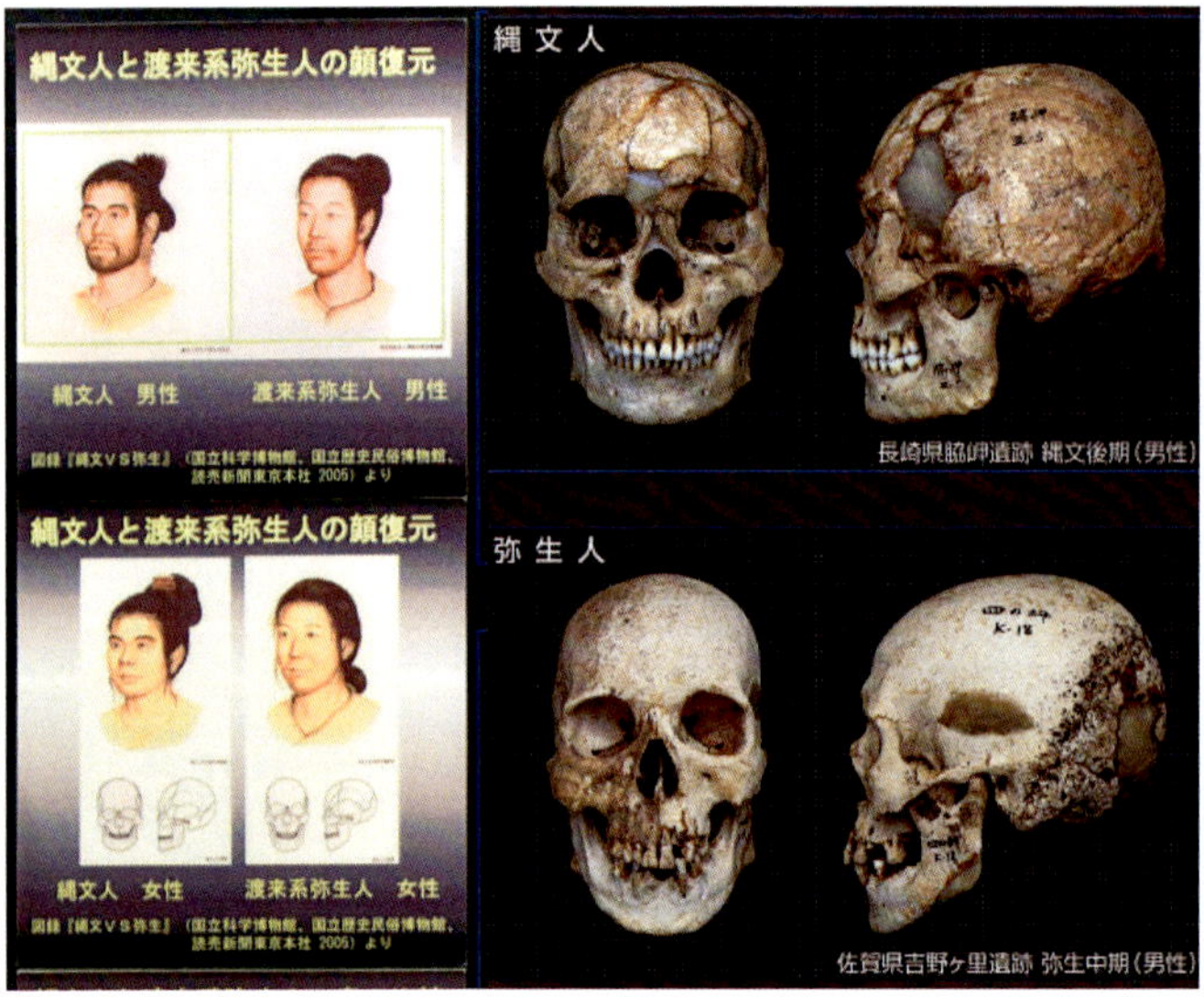

縄文人と弥生人

縄文顔と弥生顔

こちらのコーナーに、縄文時代と弥生時代の顔つきを比べているパネルがあります。平均的な縄文時代の人の顔と弥生時代の人の顔には違いがあるのですが分かりますか？

弥生時代の人の方が、少し細い気がする。

縄文顔・弥生顔って言い方を聞くことがありますね。

縄文人の顔の方ががっちりとしているのに対して、弥生人の顔の方がほっそりしています。そして、顔のつくりもちがいます。縄文人の目や鼻や口などが全体的に低い位置にあり、目や鼻の付け根の凹凸がくっきりして、「彫りの深い顔」に見えます。弥生人の顔は目や鼻の位置が高く、全体に平坦な顔に見えます。

渡来人と関係ありますか？

そうですね。前に人類の移動の話の中でお話ししましたが、縄文人とはもともと日本列島に住んでいた人たちであり、弥生人というのは、縄文時代の終わり頃から弥生時代にかけて、中国大陸や朝鮮半島から渡ってきた人たち――渡来人と呼んでいますが、その人たちとの混血が進んだ人たちと考えられています。

歯並びの変化

歯に注目してみましょう。縄文人は、上の歯と下の歯の噛み合わせが上下でピッタリと合います。例えるなら毛抜きのような状態です。これに対して、現代人の歯は、上の歯が下の歯よりも

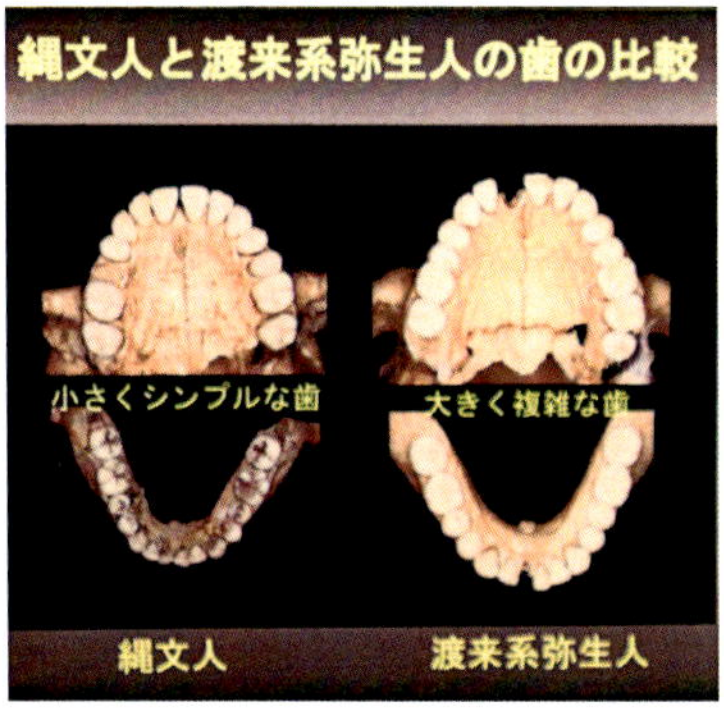

縄文人と弥生人の歯の比較

前に出ていて、はさみのように交差しています。

確かに縄文人の歯は、上下がピッタリと合っているわね。そして歯並びがすごく綺麗ですね。

縄文人は硬い食べ物を強く噛んで食べていたことで、下顎《したあご》が発達していたと思われます。顎の骨ががっちりしていると、歯が生えるスペースも十分にあるので、歯並びが綺麗で八重歯などはありません。第三大臼歯と言われる奥歯までしっかりと生えています。それが、弥生時代以降に米など柔らかい食べ物が多くなってくると、強く噛む必要がなくなり、下顎が小さくなります。結果的に上下の歯の噛み合わせが前後にずれてくるのです。

顎の骨の大きさに関係しているんだね。

弥生・古墳・奈良・平安と時代が進むと、人の顎の骨はどんどん小さくなります。現代人の顔、特に女性は下顎が小さくなっています。そうすると歯が生える面積が足りず、八重歯が見られるようになり歯並びが悪くなるのです。縄文人にはしっかりと生えていた第三大臼歯が、遅れて生えてきて「親知らず」と呼ばれるようになります。最近は親知らずが生えてこない人もいるそうです。

時代によって顎の大きさや歯並びが変わるということは、顔つきも変わってきたということでしょうか?

そうですね。原始時代から現代への時の流れを「進化」と呼ぶならば、顎が小さくて前歯が出て、歯並びの悪い人が最も進化した人となるのでしょうか。最近の子どもたちは噛む力がないと言われています。この傾向はこの先も進むと思います。このままで良いのでしょうか。考えてみるべきでしょうね。

遮光器土偶（岩手県立博物館所蔵〈文化庁所有〉）

3の章
自然と共に生きた人たち
―縄文時代から弥生時代へ　宮崎の祈りの考古学―

土偶と祈り

遮光器土偶と宮崎の土偶

縄文時代の人びとは、狩りをしたり、木の実を採集したりしながら、いろんなものを食べていたんだね。縄文時代の暮らしがよく分かったね。

今はいろんなものがあふれているけど、その基本のところでは私たちも縄文時代の人たちもそんなに変わらない生活をしていたのね。

ところで、縄文時代の人びとの〝こころ〟というか、どんな考え方をしていたのでしょうか？　祭りや祈りに関わるようなものはあったんですか？

縄文時代の祈りに関わる代表的な遺物としては、土偶《どぐう》があげられます。

土偶って、教科書で見たことがあるよ。宇宙人みたいな人形だよね？

皆さんが思い浮かべる土偶は、とても大きな目が特徴だと思いますが、これらの土偶は東北地方で出土するものです。その土偶の目が、イヌイットと呼ばれる北極圏のツンドラ地帯に住む人々が雪の中で使う光を遮るメガネ（遮光器《しゃこうき》）に似ていることから遮光器土偶《しゃこうきどぐう》と呼ばれています。その他、女性の姿をした土偶も有名ですね。

うん。写真で見たことあるよ。

九州で確認されている土偶は、もっと単純な形をしています。ここに展示されているのは高千穂町の陣内《じんない》遺跡で出土した土偶ですが、とてもシンプルな形をしているでしょう？

ほんとだ！　頭は無いけどちゃんと人の形だ。

国宝「土偶」（縄文のビーナス）
（茅野市尖石考古館所蔵）
女性の姿をデフォルメした土偶

陣内遺跡（高千穂町）出土の土偶と祭祀遺物

私にも作れそう！

再生の祈り

そもそも土偶って何のために作られたのですか？

土偶は縄文時代の遺跡から見つかる、土で作られた人形です。人、特に女性や精霊《せいれい》を表したものではないかと言われています。

どうして女性や精霊を表現したものが多いのですか？

土偶は、人の体のある部分を誇張したりデフォルメしたりして表現するのですが、その中でほとんどの土偶が共通して乳房や腹部、お尻を誇張する場合が多いです。これらは妊娠した女性を表現していると考えられます。

そういった目で土偶を見ると、ほとんど妊婦さんに見えるわ。

これは、安産や多産などの子孫繁栄や、新しい命を産むという考え方から、狩猟や採集の対象となる動植物の再生を祈ったのではと考えられます。

お祈りに必要なお人形さんなんだね。

縄文時代は、旧石器時代に比べて生活が豊かになったとは思いますが、もちろん現代のような医療や科学があるわけではなく、自然と直接向き合う生活をしていたことは間違いありません。自然の力は今よりもっともっと感じていたでしょう。そうした自然の大きすぎる力やその自然に宿る精霊に対して〈祈る〉ということは、当時の人びとにとってとても重要なことだったと思います。

今でも自分の理解を超えたことなどに対してはお祈りするよね。祈るしかないってことあるよね。

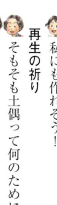

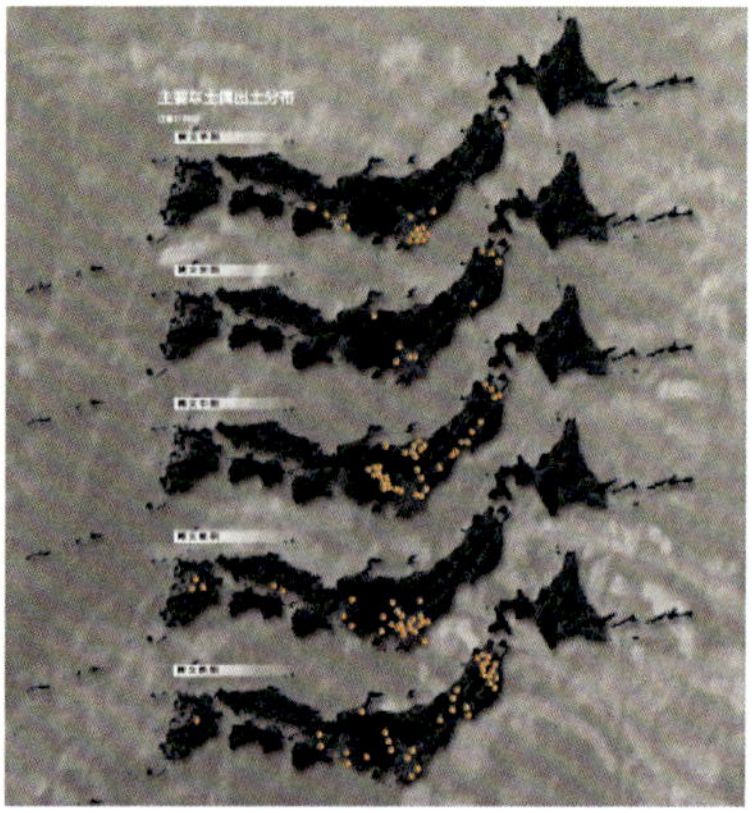

主要な土偶の
出土分布

土偶は遺跡から出土した時は壊れた状態で見つかることが多く、遺跡の中のゴミ捨て場に捨てられていることもありますので、始めから壊される目的で作られたものである可能性が高いのです。命や自然の再生を祈り、その象徴である土偶を壊すことによって、死から生へと再生させようと願ったのではないかとも考えられています。

土偶が少ない宮崎

土偶には縄文時代の人たちの気持ちがたくさんつまってるんだね。

宮崎には他にも土偶はあるの？

宮崎県内での土偶の出土はごく僅かです。先ほどの高千穂町の陣内遺跡と、その他には1例しかありません。陣内遺跡は高千穂の山あいにあって、自然環境の厳しい場所であり、阿蘇山《あそさん》という自然を象徴するような大きなシンボルも間近にひかえていることから、自然の再生を願い収穫を祈るためにここでは土偶が必要とされたのでしょう。陣内遺跡からは、土偶以外にも写真にあるような男性のシンボルを表現した石棒や、石刀、装身具など実生活ではなく祭祀《さいし》に関わると考えられる資料が出土しています。

土偶ってとても重要なものなのに、宮崎県からはあまり見つからないのは何故ですか？

土偶は自然環境の厳しい場所で使われることが多いので、逆に考えると、宮崎県の環境は温暖で自然が豊かだったため、土偶を必要としなかったのかもしれません。ただ、後で説明する軽石でつくった「岩偶」が見つかっています。これも土偶と同様、祈りにかかわっていたと考えられています。

（右）淡路島発見の松帆銅鐸
銅鐸の前に並べられた棒状のものが舌である
（左）復元銅鐸
兵庫県神戸市で発見された桜ヶ丘銅鐸をモデルに復元された

青銅器のはなし

銅鐸と銅矛

他の時代でも、祭りや祈りに関わるものってあるんですか？

弥生時代になると、祭祀用の道具として新たに青銅器が加わります。青銅器とは青銅を素材として作られた道具を指します。青銅は銅と錫《すず》の合金で、現代でも、お寺の鐘や銅像は青銅で作られています。青銅器が日本にもたらされたのは２０００年以上も前の弥生時代中頃で、朝鮮半島から伝わると、すぐに国産品も作られるようになります。代表的なものには銅鐸《どうたく》があります。

銅鐸と言えば、淡路《あわじ》島でたくさんの銅鐸が見つかったというニュースがありましたね。

銅鐸は近畿地方を中心に使われた祭り用の鐘で、吊して「鳴らすもの」から大型で装飾性の強い「見るもの」へと機能が変わっていきました。２０１５年に淡路島で発見された松帆《まつほ》銅鐸は、舌《ぜつ》という音を鳴らすための振り子が中に入った状態で出土したので、鳴らす鐘であったことが分かりました。西都原考古博物館では、実物と同じ素材で製作した銅鐸の復元品を展示しています。これが、その復元品です。

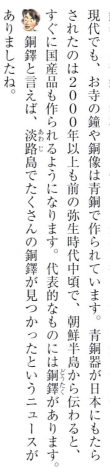

金色に光ってきれい。本当に銅でできているの？

青銅器の名のとおり、博物館に展示されている青銅器は、ほとんどが青緑色をしていますが、あれは銹《さび》の色なのです。純粋な銅は10円硬貨のような赤っぽい色をしていますが、青銅は錫が含まれているので黄色味が強くなり

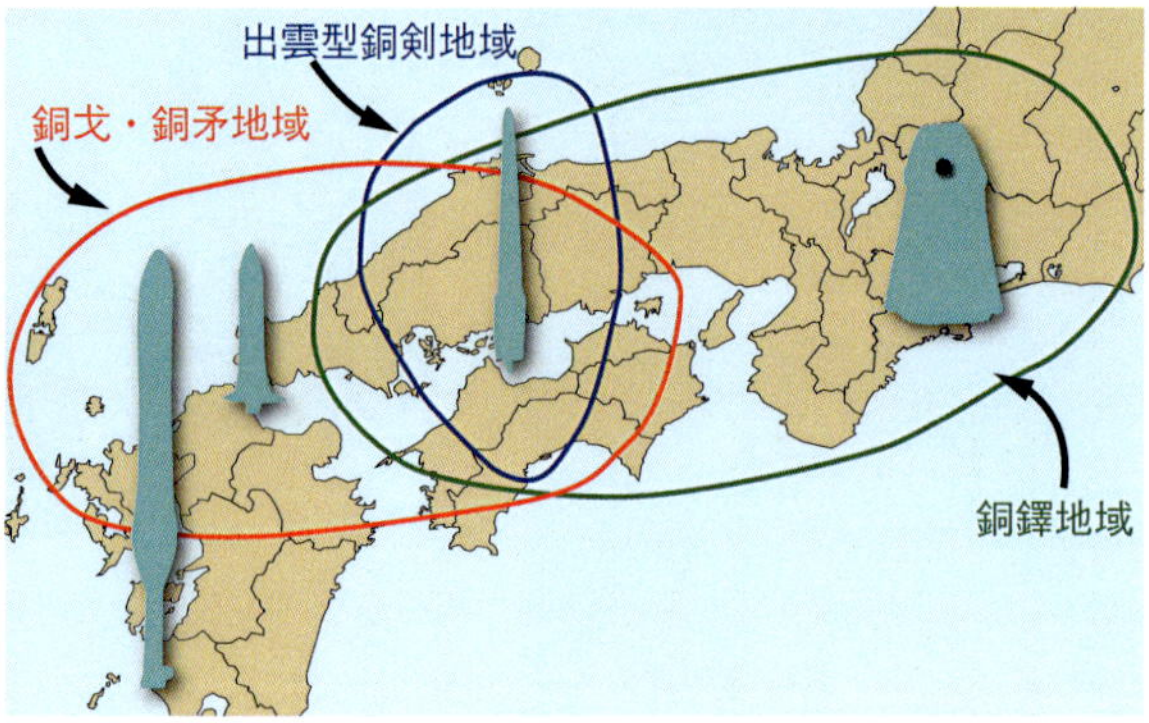

（右）青銅器（弥生時代中期）の主な分布（島根県教育委員会 2012より　一部改変）
（左）島根県荒神谷遺跡で出土した銅矛・銅鐸

ます。銅鐸の音色がどんなものだったか聞いてみますか？

・聞いてみたい。聞いてみたい。

実際に手に取って、鳴らしてみてください。

高さは40cmくらいで思ったより小さいけど、持ち上げてみたら結構重いよ。

びっくりするくらい大きな音。

この復元銅鐸は約８kgあります。金属の音色を知らなかった弥生時代の人々の驚きは、大きなものだったかもしれませんね。

銅鐸の他にも、お祭り用の青銅器があるんですか？

北部九州地方では、銅剣・銅矛《どうほこ》・銅戈《どうか》といった武器をかたどった青銅器が数多く出土しますが銅鐸はほとんど見つかりません。近畿地方はその逆で、銅鐸が多く武器形の青銅器は少ないです。そして、北部九州地方と近畿地方の間に位置する山陰地方では、銅剣・銅矛と銅鐸の両方が一緒に埋納されていた遺跡も見つかっています。

山陰地方というと、島根県や鳥取県あたりですね。

そうですね。特に島根県東部の出雲《いずも》地方での発見例が注目されています。例えば、荒神谷《こうじんだに》遺跡（出雲市）では、１９８４～８５年に丘陵の斜面から整然と並べて埋納された３５８本もの銅剣、銅矛16本、銅鐸６個がまとまって出土しました。さらに１９９６年には荒神谷遺跡の南東約３・５kmに位置する加茂岩倉《かもいわくら》遺跡（雲南市）で39個の銅鐸がまとめて埋められているのが発見されました。これは、一つの遺跡からの銅鐸出土数として全国最多を誇ります。二つの遺跡の発見によって、山陰地方の有力者たちは北部九州や近畿地方の勢力と交流を深めながらも独自色の強い青銅器祭祀を執り行っていたと考えられるようになりました。出土した青銅器は弥生時代の青銅器祭祀を考える上で貴重な資料ということで、すべて国宝に指定されています。

宮崎県内から出土した破鏡

青銅器がない南九州

同じ青銅器といっても、地域によって種類が違うんですね。それでは南九州ではどんな青銅器が見つかっているのですか?

九州地方での青銅器の出土事例は福岡県や佐賀県に多く、熊本県・大分県と南下するにしたがって数が減っていきます。お隣の鹿児島県では2点だけ発見例がありますが、宮崎県では銅鐸や銅剣・銅矛は一つも見つかっていません。青銅で作られた鏡もありますが、やはり宮崎県では非常に数が少なく、小型の鏡や「破鏡《はきょう》」という意図的に割られた鏡の破片が何点かあるだけです。破鏡は割れ口が丹念に磨かれている場合もあり、小さい破片でも大事に取り扱われていたことが分かりますが、南九州では基本的に青銅器が使われなかったといってもよいでしょう。

他の地域ではたくさん使われている青銅器がないということは、他の地域とはあまり交流していなかったのかな?

そうとも言えません。青銅器以外に目を向けると、例えば土器や石器の中には北部九州や瀬戸内、近畿地方の特徴を持つものがたくさん見られます。おそらく海を介して、いろんな地域と活発に交流していたことは間違いないです。そう

白っぽい色をして、穴のたくさんあいた軽石

なると、土器や石器は人間とともに動いているのに、青銅器は受け入れなかったということになり、青銅器を使ったお祭りをしていなかった、必要としてなかったとも考えられます。南九州の人々は、他の地域とは違う神々を信仰していたのかもしれません。

見つからないことが、かえって大事な意味をもつということですね。

考古学関連のニュースでは、連日のように「発見」の文字がおどっています。もちろん、そうした発見が重要なことは間違いないのですが、無いことからその意味を導き出す、それも考古学の重要な役割であり面白いところではないでしょうか。

南九州の「軽石文化」

火山と軽石

でも、縄文時代に土偶が少なかったり、弥生時代に青銅器がないってことは、南九州の人々はお祭りやお祈りの時にどんなものを使っていたのですか？

身近で南九州ならではの素材の一つである軽石を使った祈りがありました。

へぇ、前に学校の授業で軽石を触ったけれど、軽くて柔らかくて削りやすいものだったなぁ。

軽石とは、火山の噴火に由来する岩石です。少し詳しく言うと、酸性のマグマから放出された火山噴出物の一種で、ガラス質で白っぽい色をした、穴のたくさんあいた岩塊のことです。同じ特徴で、黒っぽい色のものをスコリアと言います。岩石学的には〝浮岩〟と呼ばれていて、読んで字のごとく、水に浮かぶものが多いです。

海水浴に行った時、砂浜に打ち上げられた軽石を見たことがあるわ。

昔の人も、海岸に寄せられた軽石や川を流れてきた軽石を拾って使ったと思います。

軽石はいつ頃から使われているの？

軽石は、火山から噴出したものですから、火山の多い南九州の人々にとってごくありふれた身近な存在であり、柔らかく加工しやすいものでもあったわけです。ですから、1万年以上前の縄文時代から現代まで、たくさんの用途で利用されてきました。

岩偶

そんなに昔から使われていたとは驚きだね。どんなふうに利用されていたんですか？

竹ノ内《たけのうち》遺跡（宮崎市）で発見された岩偶

祈りの場面から生活の場面と多方面にわたります。まず祈りの場面ですが、軽石を使い始めた1万年以上前からおよそ3千年前頃までの縄文時代では、丸い孔をあけたり、えぐって舟の形にしたり、獣と思われる形に削り出したり、男性と女性のシンボルを形作ってみたりといろいろです。軽石で作られた勾《まが》玉《たま》なんてものもあります。でも、何に使われたのかよく分からないようなものもたくさんあります。こちらに並べてあります。

ほんとうにいろいろな形があるね。あっ、あれは何？

それは、軽石を削って人の形を象《かたど》ったものです。土偶に相

塚原《つかばる》遺跡（国富町）で発見された鳥形品と家形品

堂地《どうち》東《ひがし》遺跡（宮崎市）で発見された男性と女性のシンボルを象った軽石製品

当するものとして、岩偶といわれています。竹ノ内《たけのうち》遺跡（宮崎市）で発見された岩偶は、これまで見つかっている岩偶の中で最も大きなものです。

どこが顔になるの？　手足とかは？

抽象的な表現になっているので分かりにくいかもしれませんね。細く線状に削り込まれたラインで顔や手足を区画しています。上側の頭部分には、目鼻口と見られる凹《くぼ》みが彫り込まれているのが見えますか？　胴体の部分には、両腕を意識したような線と、下端には両脚の股の部分をくっきりと削りだしています。

説明されるとそう見えてくるね。

似たようなものがあちらにもあるよ。

これは弥生時代のものです。弥生時代になると、面白いものでは、男性と女性のシンボルである生殖器を象った軽石製品が堂地《どうち》東《ひがし》遺跡（宮崎市）で出土しています。

田の神さぁや陰陽石に通じるものを感じるね。

妊婦の姿をした土偶にも通じるところがあるわね。子孫繁栄や実り豊かであることを願ったんでしょうね。

他には、弥生時代の農耕社会では穀物に宿る精霊を運ぶ生物として鳥を崇拝していたと言われていますが、塚原《つかばる》遺跡（国富町）で発見された鳥形品はそれに関係しているかもしれません。家形品も一緒に見つかっています。

鶴喰《つるはみ》遺跡（都城市）で発見された、土器を支える脚として使われた軽石

実用品としても

さきほど祈りの場面以外に生活の場面でもとおっしゃいましたが、どんなものがあるんですか？

古墳時代になると、軽石を柱状に削りだして、土器を支える脚として使ったり、軽石の塊をいくつも使って墓穴を塞いだりなど、〝生活の技〟とでも言えそうなものが登場します。もちろんこの時代でも「祈りの道具」としての使われ方も続くのですが、奈良時代以降はそれだけでなく、軽石で作られた墓石や骨壺《こつつぼ》があったり、錘《おもり》かなと思われるものや建物の基礎や壁材、井戸枠に使ったりと、実用としての使い方が強くなってくるようです。

実用といえば、お風呂でかかとを擦《こす》ったり、焦げ付いた鍋を擦るのに軽石を使っていたことがあるっておばあちゃんに聞いたわ。

宮崎市高岡町に住んでいたおじいちゃんからは、子どもの頃、大淀川を流れてきた軽石を舟の形に削って、それを川に浮かべて遊んでいたって話を聞いたこともあるよ。

１万年以上もの長い歴史の中で、祈りや生活の場面などいろんな使われ方をしてきた軽石製品には、度重なる火山災害と向き合いつつ、火山の恵みを巧みに利用し、自然と共に生きてきた南九州の人々の歴史が刻まれていると言えます。

坂元A遺跡（都城市）縄文時代晩期後半の水田跡
国内最古級の水田

4の章
「イネ」が到来し社会が急速に変わった
── 弥生時代の宮崎 ──

稲作と畑作

田んぼとムラ

次は弥生時代の話です。狩猟・採集の時代であった縄文時代から、大陸から稲作が伝わり、農耕中心の時代になったといわれています。

でも、確か稲作は弥生時代以前に伝わったと学校で習いましたが。

今の研究では稲作は縄文時代の終わりごろには伝わったことが分かってきました。宮崎県でも水田跡が見つかっていますよ。

え〜、そんなに古い時代から？　でも水田ってどうして分かるの？

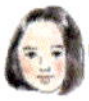今の水田と同じように遺跡から小さく区切られた跡が見つかります。水田を区切っているのは、あぜ、もしくは畦畔《けいはん》といわれるものです。水田に水を貯める役割や人々の通り道として使われたもので、水田であることが分かるわけです。畦畔は土を盛り上げてつくりますが、その断面を確認すると、まわりの土を掘って列状に積み上げた痕が観察できることもあり、当時の人々がどのように畦畔をつくったのか分かることもあります。

稲を作るには豊富な水が必要で、たんぼにはあぜが切り離せないわけですね。

そのほか、プラント・オパール土壌分析法というものがあります。植物の細胞内にはガラスの主成分である珪酸《けいさん》（SiO_2）を蓄積したものがあり、植物が枯れた後も珪酸は土の中に残ります。これをプラント・オパールと言いますが、特にイネ科の植物についてはプラント・オパールの形から植物の種類を特定できるので、その場所に稲が植えられていたかどうかを判断することができます。実は、

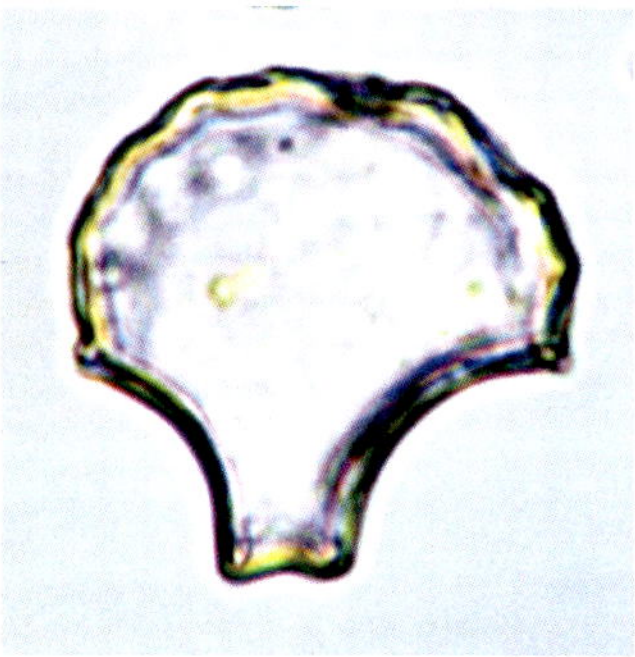
稲のプラントオパール

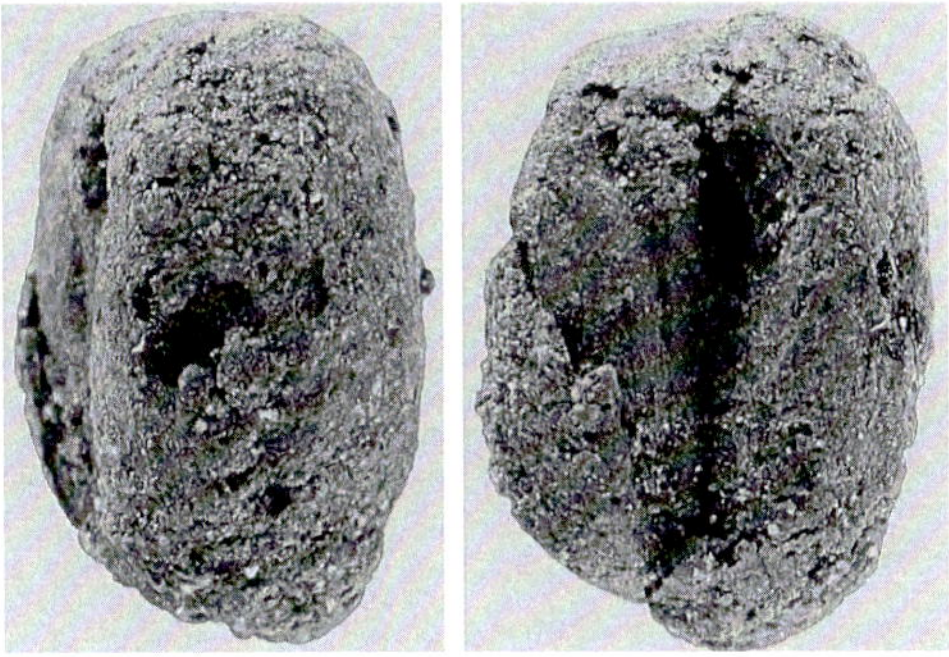
ササゲ（アズキ）の炭化種子（広原第１遺跡〈高原町〉）

この判別方法を確立したのは宮崎大学の先生なんですよ。

科学の力ってすごいですね。

稲作はえびの市や宮崎市などにも広がって、人々は食物を得るために移動する必要がなくなり定住化が始まります。また、稲作を行うためには、皆で協力して水路や井堰《いぜき》を作ったり、水の利用について他のグループと話し合ったりする必要があるため、それを指揮し調整をするリーダー的存在が登場します。こうして、みんなで集まって大きな集落をつくり、共同生活を始めたのが弥生時代なのです。

そうやってムラができてくるのですね。

陸稲と畑作

日本の原風景といわれている水田の景色はその頃にできたんですか？

単純にそうとも言い切れません。稲作＝水田ではなく、畑で作る稲＝陸稲《りくとう》も存在したと思います。それに畑作でないと作れない穀物もあります。水田が多くなるのは明治時代に入ってからですが、宮崎県では明治時代になっても、水田と畑の面積の割合では３：７で畑の方が多かったと記録されています。

そうだよね。今でも内陸部の方に行くと畑の方が多いものね。

最近の研究では土器に残った植物の圧痕《あっこん》から、ダイズやアズキなど栽培植物の存在が明らかになってきました。美郷町の内野々《うちのの》遺跡出土の縄文時代後期の土器からダイズやアズキの圧痕が発見されたほか、縄文時代の終わり頃の遺跡である都城市野添《のぞえ》遺跡や高原町広原《ひろわら》第１遺跡でも炭化したササゲ（アズキ）の種子が見つかっています。こうしたことから宮崎における畑作は、水田稲作よりも先に行われていた可能性があります。ただ、この時期の畑の跡は発見されていないの

弥生土器（壺）

縄文土器（深鉢）

荒迫遺跡（高原町）で見つかった古代の畑の畝跡

で、詳しいことは分かっていません。

畑の跡ってどんな形なの？　そんなのも遺跡から見つかるの？

はい、土を掘り、作物を植える列に土を高く盛り上げた畝《うね》の跡が見つかります。宮崎では時代は少し新しくなりますが古代の畑地の畝跡が、その当時降った火山灰に覆われた状態で、荒迫《あらさこ》遺跡（高原町）などで見つかっています。

そうやって畑の跡も残るのですね。

当時の人々はせっかく耕した畑が火山灰に埋もれて大変だったでしょうけど、おかげで私たちは昔の畑の形を知ることができるのね。

ダイズにアズキにコメ……昔からいろんなものを育てて食べていたんだね。

稲作と道具

土器の変化

農耕は、縄文時代の終わり頃には始まってはいたものの、その頃はまだ狩猟・漁労や採集などが生活の中心でした。そのため、縄文時代の土器はほとんどが煮炊《にた》きをするための「深鉢《ふかばち》」という形でした。その後、稲作が生産基盤の中心となった弥生時代になると、乾燥させた収穫物を貯めておくために、膨らんだ胴部に小さく締まった頸部《けいぶ》をもつ「壺《つぼ》」という形の土器が作られるようになります。

ライフスタイルの変化に合わせて必要な道具も変わっていくのですね。

石包丁

他には、稲作にはどんな道具が使われていたの？

代表的な道具に稲穂を摘み取るための石包丁《いしぼうちょう》があります。この時代の稲作は、

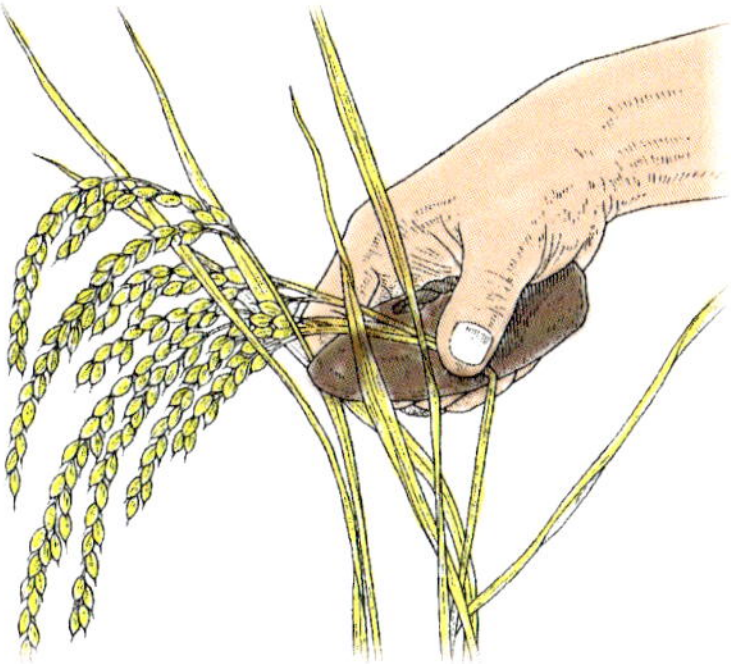

擦切り有溝石包丁
（黒土遺跡〈都城市〉）

苗床《なえどこ》で育てた苗を田植えするのではなく、「直播《じかま》き」といって種籾《たねもみ》を直接田んぼに播くため、稲の成長が一律ではなかったと思われます。実った稲穂だけを選別し、石包丁で一つひとつ摘み取っていたと考えられています。

こちらのコーナーに石包丁が展示されているよ。これを使って穂を摘み取っていたんだね。

半月の形をして真ん中あたりに紐《ひも》を通す穴が開けられている形がよく知られていますが、宮崎の遺跡から出土する石包丁の中には違う形のものもあります。

石包丁の形っていろいろあるの？

長方形で、紐をかけるための抉《えぐ》りが両端にあるものなどがみられます。この形状は、瀬戸内沿岸地域の影響を受けているといわれています。ほかにも朝鮮半島からの影響とみられる、石の表面を溝状に擦《す》り切って穴をあける擦切《すりき》り有溝《ゆうこう》石包丁なども前原北遺跡（宮崎市）、黒土遺跡（都城市）などで発見されています。

石器も地域によって違うなんて、知らなかったなあ。

大足《おおあし》

他には、木製の鋤《すき》や鍬《くわ》が、延岡市や新富町、川南町などの遺跡から発見されています。時代が少し進んで古墳時代の後期のコーナーに面白いものがありますので見てみましょう。宮崎市の前田遺跡から出土したものですが、これは何だか分かりますか？

木で作られたハシゴみたいだね。

真ん中に小さな板がついているよ。

窓枠につけた格子のようにも見えますね。

大足を使用する様子

前田遺跡（宮崎市）から出土した大足

これは「大足《おおあし》」といって、水田で使った道具です。長さが約1ｍ、幅が約80cmで、２本の太めの棒の間に細い棒が何本も取り付けられています。真ん中には下駄のような板が付いています。ここに足を乗せて使います。

ぬかるみで足が沈まないようにするものですか？

湿地で足が沈まないように使うのは「田下駄《たげた》」というものです。この大足は逆の使い方をします。つまり、足を乗せて泥の中に踏み込むための道具なのです。細い棒が隙間をおいて列んでいるのは、沈みやすくするためです。

どうして、泥の中に沈めるの？

これは、田植え前の代掻《しろか》きの時に、緑肥《りょくひ》などを土の中に混ぜ込むために使った道具です。緑肥というのは、稲作を休んでいる間に生えた草などを土に混ぜ込んで肥料としたものです。

どうやって使ったのですか？

大足は二つセットで使います。つまり両足につけていたのです。両側の太い棒の端に紐を結んで、足の力で踏み込んだ後は、手で紐を引っ張って引き上げていたと思います。これを両足につけて歩くのは、がに股になって大変だったと思います。

農業技術の進歩

そこまでして使う必要があったのですか？

縄文時代の終わり頃に伝えられた稲作は、弥生時代には北海道や沖縄などを除く日本列島のほぼ全域に広がります。そして、古墳時代にはさらに水田を広げていくために、さまざまな道具と技術の進歩がありました。この大足もその頃に

花弁状住居の内部の様子
（宮崎県総合博物館展示室内　復元ジオラマ）

八幡上遺跡（新富町）で見つかった花弁状住居跡

使われた新しい道具だったと思います。痩《や》せた土地にも肥料を与えることで稲作を可能にしたのかもしれません。そしてこの大足は、昭和30年代頃まで実際に使われていました。農業が機械化されるまで、古墳時代と同じ道具が使われていたということです。

つい最近まで古墳時代と同じ道具を使っていたということ？

60年ほど前まで使われ続けてきた農業技術が、１４００年前の古墳時代には既に完成していたということです。この古墳時代の技術の進歩によって生産力が高まり、その後の奈良時代や平安時代という中央集権的な古代国家の成立の基礎となったと考えられるのです。

この「大足」には弥生時代から古墳時代にかけての農業技術の進歩が集約されているんですね。

花弁状住居

南九州独特の住居

さきほど「ムラ」の話がありましたけど、当時の人たちが住んでいたのはどんな家なんですか？

人が生きていくのに必要なのは衣食住といわれますが、宮崎の弥生時代にはとても不思議な形の家がありました。上の写真を見てください。

これは竪穴《たてあな》住居跡だね。でもこの形は、教科書で見た写真とは違うような気がする。

お花みたいな形。これが家なの？

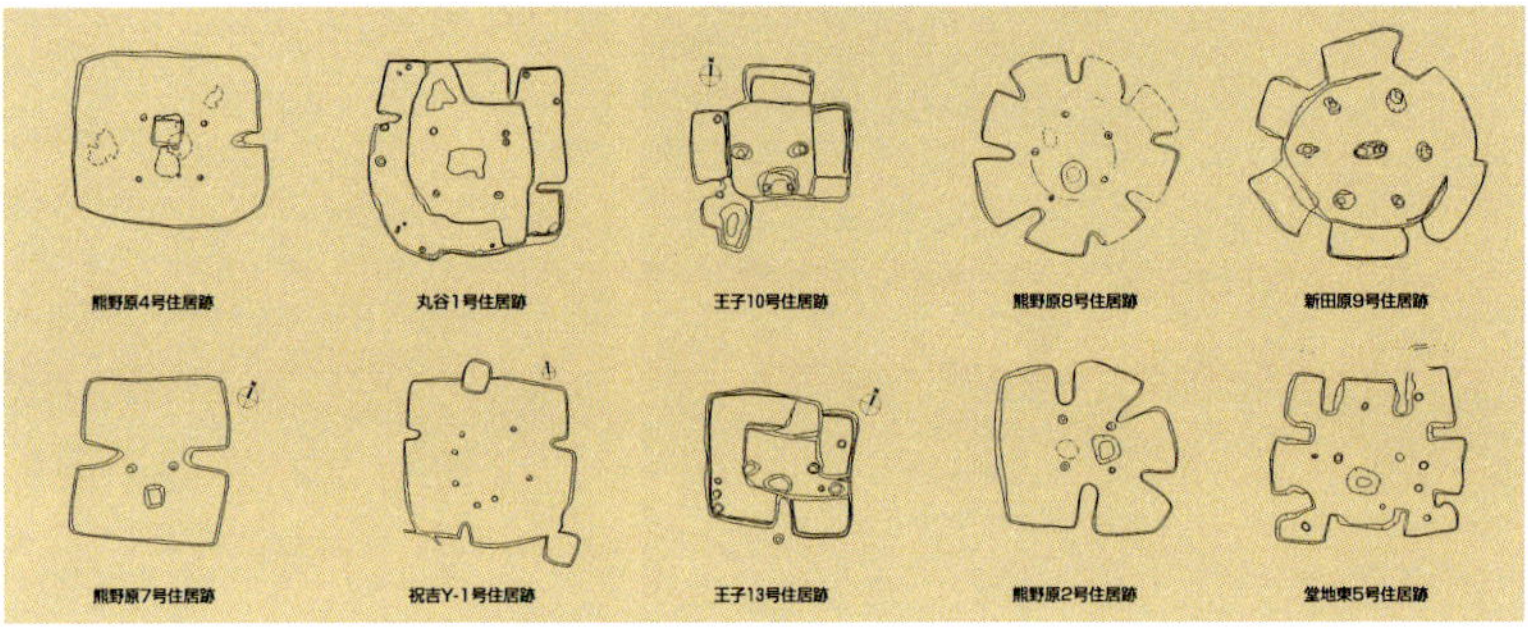

花弁状住居跡の形態バリエーション

これは、弥生時代の中頃から終わり頃に南九州で作られた住居跡で、平面的な形が開いた花びらのような形をしているので「花弁状住居」と言ったり、部分的に掘り残した土壁が空間を区切っていることから「土壁間仕切り住居」とも言われます。

どうしてこんな形になったのかしら？

朝鮮半島で見つかっている「松菊里《しょうきくり》型住居」といわれる特徴的な形をした住居があります。平面的には円形で、住居の中央に楕円形《だえんけい》の掘り込み土坑《どこう》と、その両端に屋根を支える2本の柱を配置するものです。花弁状住居は、この松菊里型住居の影響を受け、発展したものと言われていて、柱の位置が中央に寄るなどの共通点がみられます。住居の中央付近に柱を置くことで、壁際に柱を置くよりも屋根の高さが低く、傾斜が緩《ゆる》やかになり、台風などの強い雨風の影響を受けにくくなると考えられます。また、住居内に向かって突出している土壁は、室内空間を仕切る役割があったと考えられています。

部屋が分かれていたということかな？

この形は弥生時代の人たちが住みやすいように工夫した結果なのね。

南九州と北部九州

この花弁状住居は南九州にしか見られないのですか。

北は延岡市、中央部では小丸川や一ツ瀬川・大淀川の流域、内陸部ではえびの市や都城市、南は鹿児島県大隅半島までが分布域と考えられていました。しかし、近年になって九州北部の佐賀県や福岡県、四国地方の愛媛県でも発見されています。

木をこすって火を起こすイメージ

広がりがあるんですね。とすると、南九州独自とも言えないんですか？

九州北部の花弁状住居は、南九州のものより古く弥生時代前期頃につくられていることから、この住居形態は九州北部から伝わってきたのではないかという説があります。ただ、北部九州では集落のごく一部に見られるだけですが、南九州では花弁状住居を主体とする集落が数多く見つかっていることから、あくまで主体は南九州であるという考え方もあります。

よく見ると、ひとくちに花弁状住居といってもいろんな形があるんだね。

四角いのもあるね。なんか面白い。

円い形を基本とするもの、四角い形を基本とするもの、その中間的なものもあります。土壁で仕切られた空間の床が、住居の中央部よりも一段高いものもあります。「ベッド状遺構」とも言いますが、実際にベッドとして使っていたのかは分かりません。

火打石

「こする」から「打つ」へ ―火起こしの変遷―

昔の人の暮らしを想像すると、食べ物を調理したり冬に暖を取ったりとか、生活のいろんな場面で「火」が必要だったと思うけど、昔の人はどうやって火を起こしていたのでしょうか？

日本列島での火起こしの歴史をたどると、木をこすって火を起こす方法が古くからあって、火打石《ひうちいし》を使う方法が後に入ってきます。木をこする方法は、神社の神事の中で今でも残っていますが、火打石を知ってからは、それを使った火起

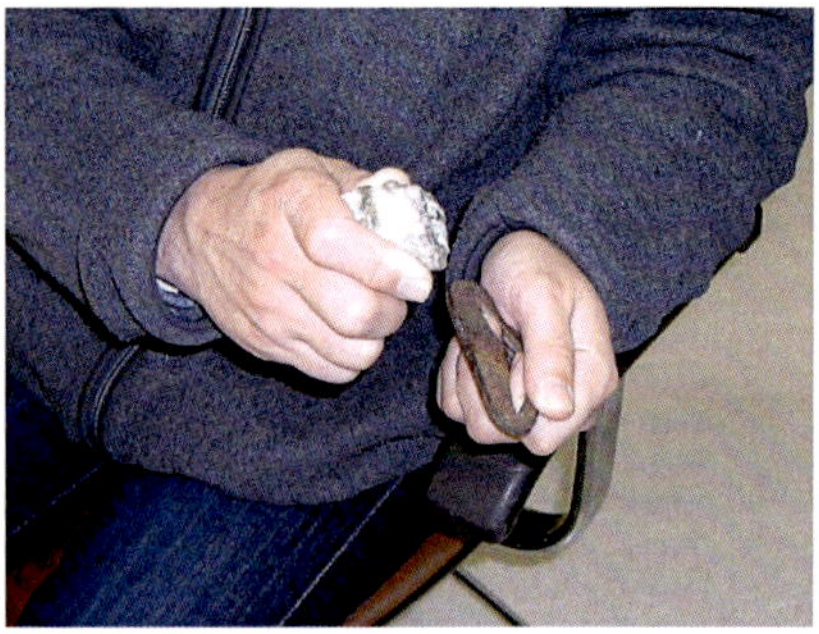

火打石と火打金を打ち付けて火花を出す様子

宮《みや》ノ《の》東《ひがし》遺跡（西都市）で見つかった宮崎最古の火打石

こしが一般的になります。

時代劇なんかで、出掛ける人に向かってカチカチとやっているのを見たことがあるけど、あれも確か火打石ですよね？

あれは「火を鑽《き》る」といって、災いなどがないようにと願ったもので、今でも見ることができます。火打石は、本来的には、鉄と打ち合わせて火を起こすのに使う道具です。昔話の「カチカチ山」で悪さをしたタヌキの背負った薪《たきぎ》にウサギが火をつけますが、その時も火打石でカチカチとやったわけです。

昔話の「カチカチ山」に、昔の火起こしの様子が表現されているとは驚いたわ。でも、火打石を使った火起こしは、いつ頃からあるのかしら？

沖縄と北海道を除き、日本列島では、8世紀（奈良時代頃）には使われはじめていて、宮崎県では宮ノ東《みやのひがし》遺跡（西都市）から8世紀の火打石が発見されています。これは宮崎最古のものです。

今の暮らしの中で火打石を見かけることはありませんが、ずいぶん長く使われてきたんですね。

今から約１５０年前、明治時代になるとマッチが輸入・国産化されてゆくことで、マッチに火起こし道具の主役をゆずることとなり、火打石の時代は終わりを迎えます。今ではそのマッチもあまり見られなくなっていますね。

ブランド火打石

火打石は、どんな石でも使えるの？

火打石を使った火起こしの原理は、火打石によって火打金《ひうちがね》（＝鉄）がちぎれるという急激な運動エネルギーが熱に替わって火花になる、その火花を火だねと

古代生活体験館で
火起こし体験！

なる枯れ草等に落として火にするというものです。つまり、火打石には、鉄をちぎるだけの鋭さと硬さが必要なわけです。一番いいのは玉髄《ぎょくずい》という石です。8月の誕生石であるメノウも火打石に向いている石ですね。

宮崎でも火打石って採れるの？

宮崎では、チャートや石英という石が長く使われていました。河原にある硬くて白っぽい石です。火打石は、身近なところで採ってきて使うという〝地産地消〟が基本で、ここで採れる石が長持ちするとか火の出がいいとか、親から子へと代々受け継がれた伝統があったようです。そして、江戸時代になると、ブランド火打石とでもいうような広く流通する火打石が登場します。宮崎でも、徳島や鹿児島で産出するブランド品が使われるように変化してきました。

火打石一つにも、いろんな歴史があるんだね。

今だとライターで手軽に火起こしできますけど、火打石を使った火起こしって何だか難しそうですね。

もちろん最初は難しいですけど、慣れれば簡単で、数秒で火起こしできるようになります。キャンプ場でカチカチと火起こしするというのも素敵《すてき》ですよ。

そうだな、今度やってみよう。最近は、火を目にする機会がとても少なくなったような気がするなぁ。

古代生活体験館では、木の棒を板にこすって火起こしする体験が可能です。また、火打金を手に入れて、いろんな種類の石で試しに打ってみて、楽しく遊びながら昔の人たちの苦労や工夫を感じてみるのも面白いかもしれませんね。

5の章
たくさんの人が動員され力の誇示が始まった古代社会の転換期

―― 古墳時代と宮崎 ――

古墳とは

古墳の宝庫・宮崎県

旧石器時代、縄文時代、弥生時代と見てきましたが、時代の名前はすべてその時代を象徴する道具がその由来となっています。旧石器、縄文土器、弥生土器です。しかし、この次の古墳時代は、有力者のお墓である古墳が時代の名前になっています。それ以降の奈良時代、平安時代、鎌倉時代などは、政治の中心地の地名が時代の名前になっています。こうして考えると古墳時代だけ少し変わっています。

言われてみると、そのとおりだな。古墳時代って社会の大きな変わり目だったということですか。

「道具」が基準となっていた時代と、「都」が基準となる時代――二つの時代区分をつなぐのが古墳時代というわけで、この時代に何がおこっていたのかを知ることで、わたしたち日本の社会で何がおこっていたかが知れるわけです。しかも、その古墳が宮崎県にはたくさんある。となると、宮崎にとっては興味深いたいへん大切な時代と言えますね。

宮崎にはたくさんの古墳があるってこと、聞いたことがあるよ。

宮崎県内には約1800基もの古墳があると言われています。県内には北は延岡市から南は串間市まで、東は日向灘の海岸線近くから、西は霧島の周辺のえびの市まで、全県的に古墳が分布しています。そのうちの約1割以上の190基が前方後円墳と言われています。

まさに宮崎県は古墳の宝庫なんですね。

古墳の形と大きさ

まず「古墳」とは何かを考えてみましょう。

大きな古いお墓のことでしょ？

そのとおりなんですが、古墳にはいろんな形や大きさがあります。

前方後円墳というのは上から見た形が○（円）と□（四角）を組み合わせたような古墳ですよね？

日本で一番大きな古墳は仁徳《にんとく》天皇の古墳だって教科書に出ているよ。

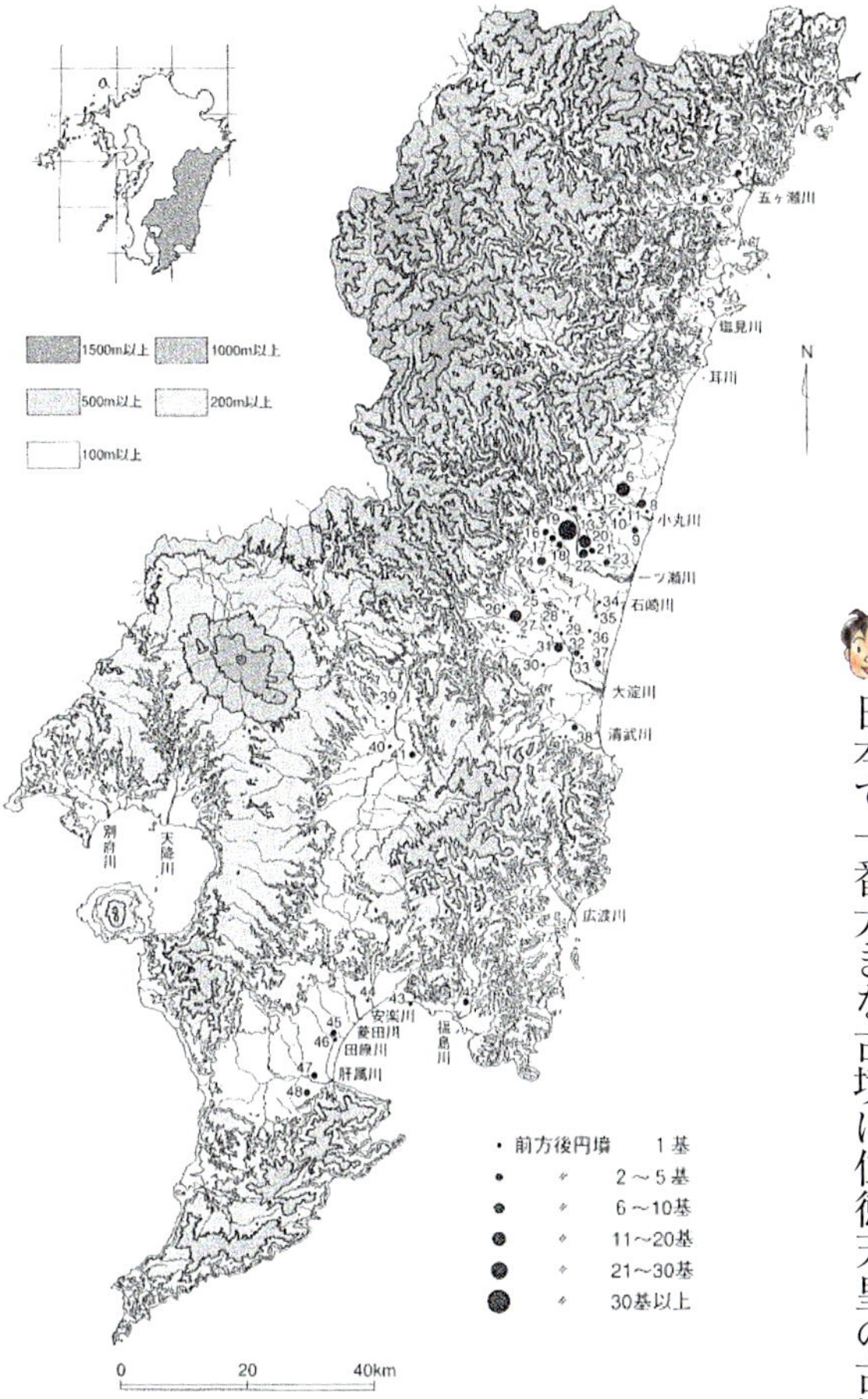

1 樫山
2 野地
3 大貫
4 天下
5 富高
6 川南
7 持田
8 亀塚古墳
9 水谷原
10 牛牧
11 山王
12 椎木
13 児屋根塚古墳
14 茶臼原
15 千畑古墳
16 百塚原
17 三納
18 清水
19 西都原
20 祇園原
21 石船
22 山之坊
23 塚原
24 下三財
25 六野原
26 須志田（本庄49号）
27 本庄
28 アブミ古墳
29 野首古墳
30 長嶺古墳
31 生目
32 下北方
33 船塚古墳
34 下那珂馬場古墳
35 住吉
36 蓮ヶ池
37 檍
38 木花
39 高崎塚原
40 志和池
41 牧ノ原
42 福島
43 飯盛山
44 小牧
45 神領
46 横瀬大塚古墳
47 唐仁
48 塚崎

「日向」地方の前方後円墳分布（北郷2005より）
（ここでの「日向」とは、宮崎県と鹿児島県大隅地域を合わせたもの）

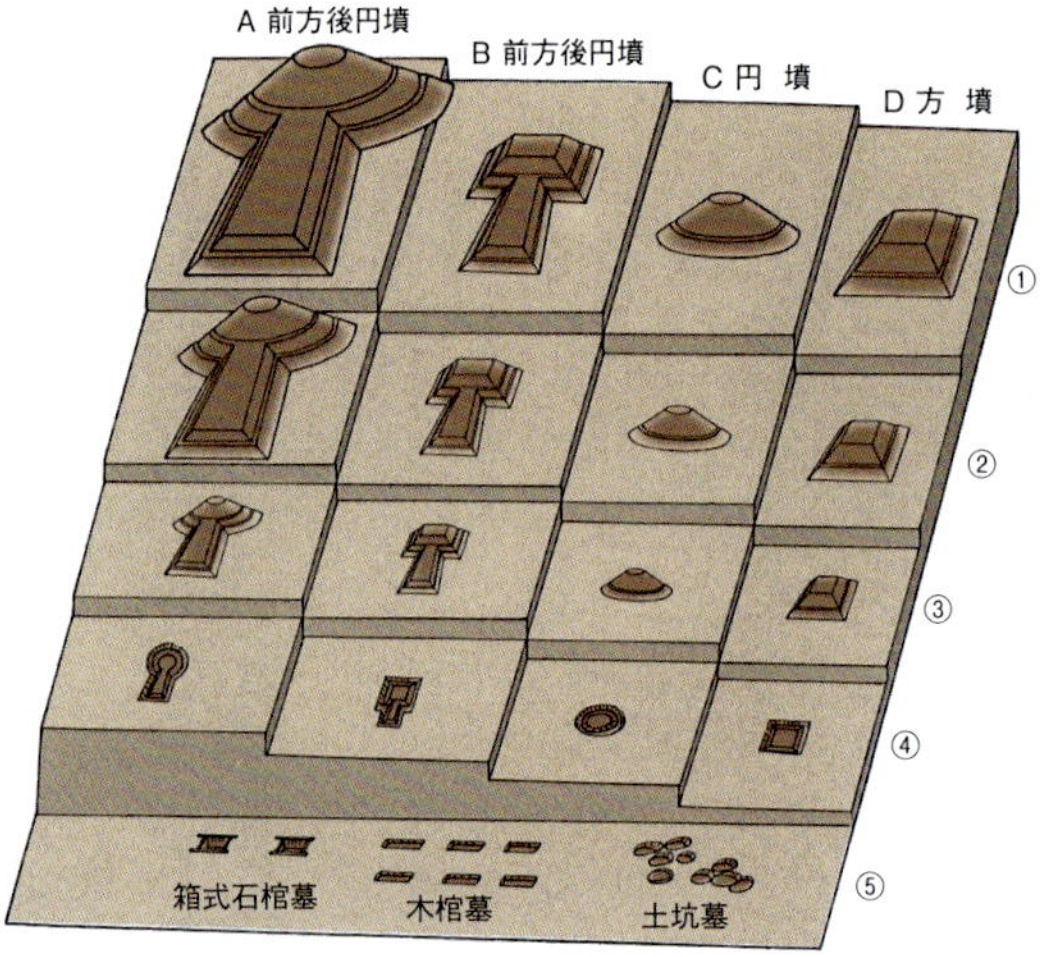

前方後円墳体制の概念図（都出1992より　一部改変）

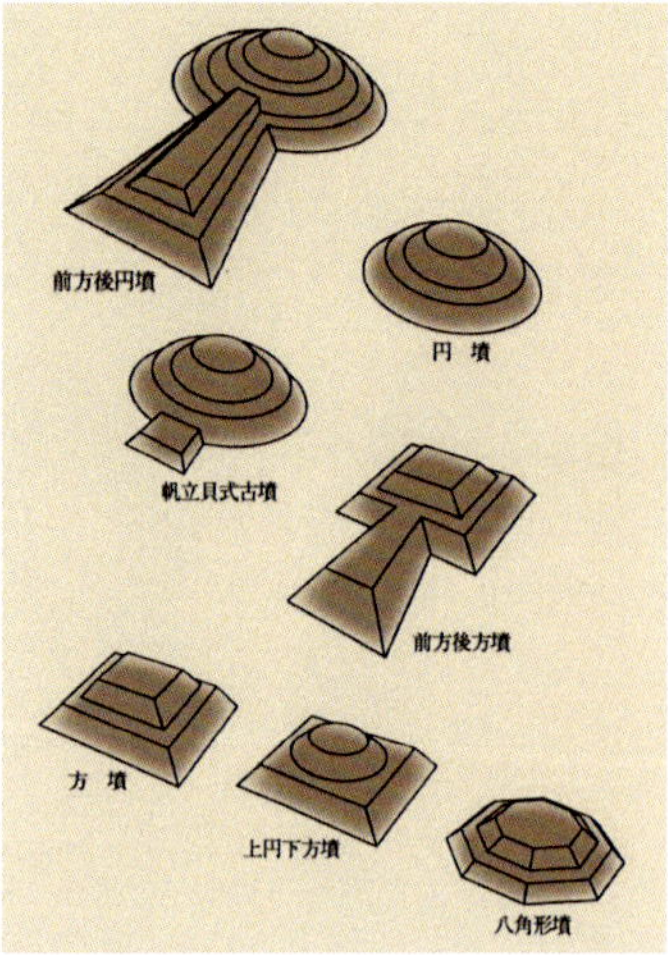

古墳の種類（東京国立博物館2004より　一部改変）

はい。すべて正しいです。古墳というのは、首長と呼ばれる地域のリーダーや有力者を葬《ほうむ》るために作られたお墓のことなんですね。通常は土を盛り上げて墳丘（マウンド）を作り、その中に遺体を入れた棺《ひつぎ》を納める施設を設けます。木の棺を粘土で覆《おお》うのは粘土槨《ねんどかく》、木材で部屋を作るのは木槨《もっかく》、石で部屋を作るのは石室などと呼びます。

墳丘の形にはいろいろな種類がありますよね。

一番基本的な形としては、丸い形の円墳、四角い形の方墳があり、それを組み合わせたような前方後円墳があります。それ以外にも、四角い形が二つ組み合わさった前方後方墳や、丸と四角が上下に重なったような上円下方墳《じょうえんかほうふん》、八角形の八角墳などもあります。これらは全て、古墳を上から見た時の形です。

そんなにいろいろあるんだね。

丸や四角い形のお墓は世界的にもいろいろな国に見られますが、特徴的なのは前方後円墳で、この形は日本で産み出された独自のものです。そして、この前方後円墳を中心として、古墳の形や大きさが社会的な立場を表していて、地域を越えた政治的な結び付きまでも読み取ることができます。言い換えれば、古墳によって社会の秩序が示される時代のことを古墳時代と呼んでいます。

大きな古墳ほど偉い人のお墓なんだよね。

古墳時代とは、具体的にはいつ頃のことですか？

一般的には3世紀の中頃から7世紀の前半頃までを古墳時代と

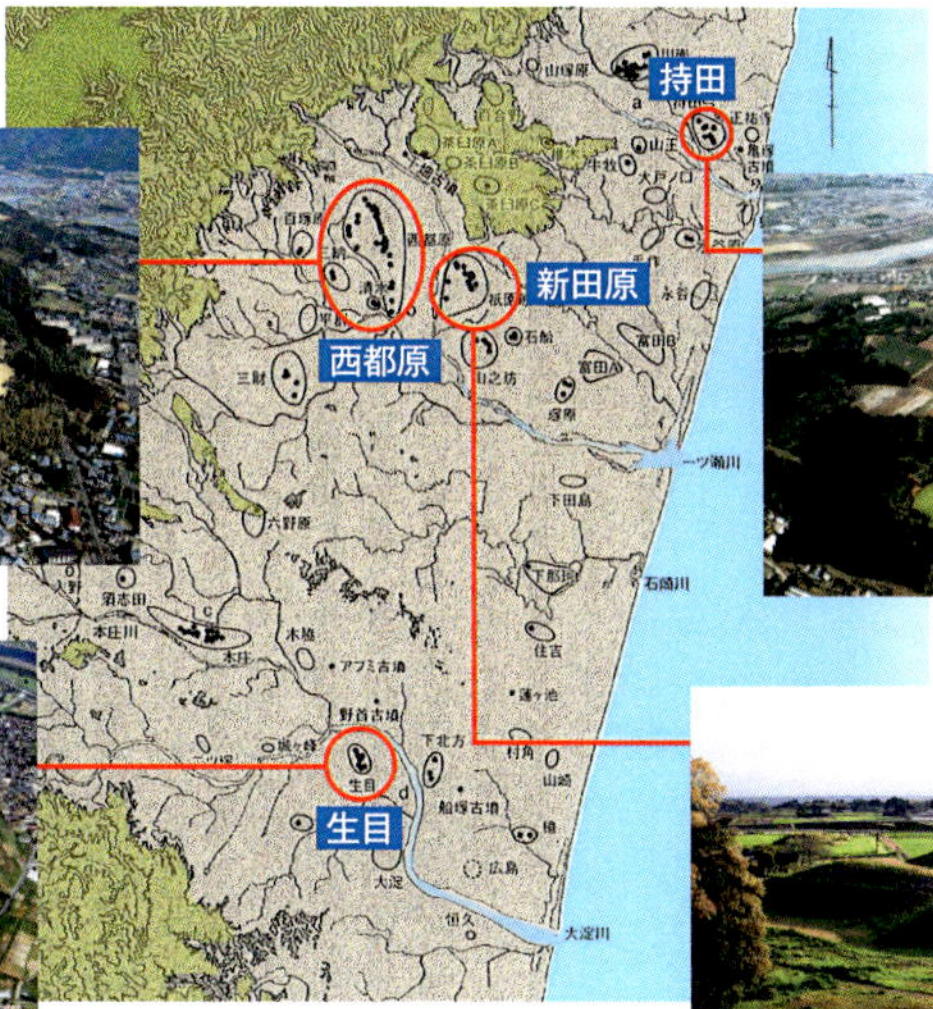

西都原古墳群

持田古墳群

生目古墳群

新田原古墳群

宮崎平野部の主要古墳の分布
西都原は国指定特別史跡、他は国指定史跡である。

呼びます。西暦でいえば、２５０年ぐらいから６００年代の初めの頃になりますね。

宮崎平野の前方後円墳

現在、西都原古墳群で確認できる古墳の数は３１９基です。壊されてしまったものもあったと思いますので、実際にはもう少し多くの古墳が造られたようです。その中で前方後円墳は32基、方墳が2基、円墳が２８５基になります。これらは墳丘を持つ古墳という意味で「高塚古墳」と言われることもありますが、西都原には斜面に横から穴を掘った横穴墓や、地面を縦に数メートル掘って、その底から横方向に空洞を掘って人を埋葬する地下式横穴墓という南九州にしか存在しない独特の墓もあります。

西都原にはいろんな古墳があるんですね。

古墳の大きさは生前の権力を示すと考えられます。九州で最も大きな古墳はここ西都原にあるので、九州で最も大きな権力を持った人がいたことを示しています。また、古墳時代の初めの頃に限って考えると、その頃に九州で一番大きな古墳は宮崎市の生目古墳群にあります。そのことから、古墳時代の初め頃に大きな権力を持った人がいたのは宮崎市周辺で、その後に西都市周辺のリーダーに大きな権力が移ったという状況を読み取ることができるのです。

側面から見た前方後円墳（西都原46号墳）

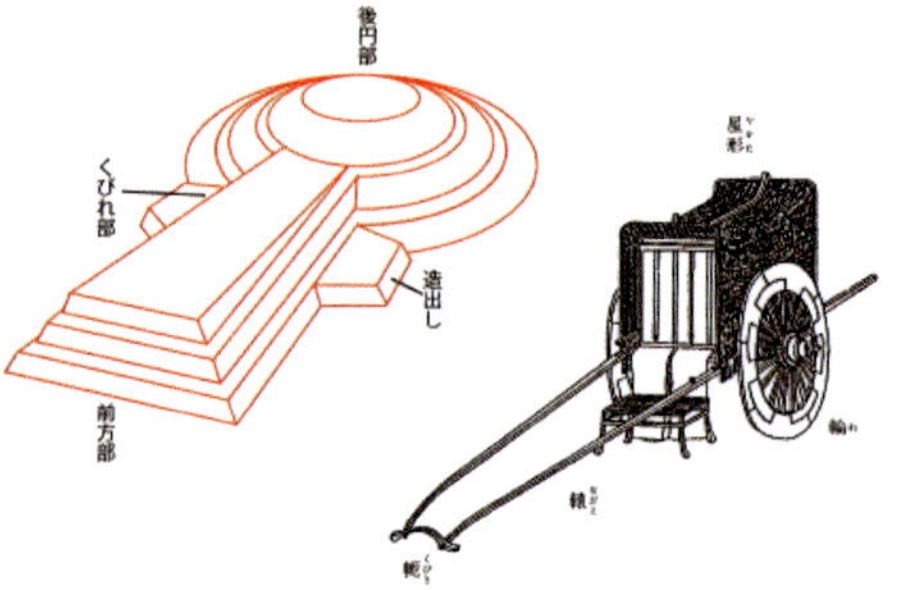

前方後円墳の名称の起源　宮車
（しもつけ風土記の丘資料館2005より）

写真やイラストを見ると、丸い部分が上に、四角い部分が下になるようになっていますが、「前方後円」という言い方をするのはなぜですか？

いろいろな説がありますが、江戸時代の学者である蒲生君平《がもうくんぺい》という人が『山陵志』という本に「必象宮車而使前方後円」と記述したことが始まりと言われています。つまり、古墳の墳丘は高貴な人物が乗る宮車の形態に似ているとして、車の進行方向から四角い部分を前、円を後ろとしたのです。

前方後円墳を見学する

どのくらい大きいのか、実際に見てみたいね。

それでは、外に出て古墳群を歩きながら、実際の古墳を見てみましょうか。

（館外に出る）

小さなもの、大きなもの、たくさんの古墳があるねぇ。円墳は丸い形が良く分かるけど、前方後円墳は横からみると形が良く分からないなぁ。

大きな前方後円墳は、地上からだと全体の形が分かりにくいかもしれませんね。横から見ると、二つの小山がつながったように見えることから、双子塚《ふたご》（二子塚）と言われることもありますね。でも、近づいて良く観察すると、丸い部分と四角い部分がつながっていることが分かりますよ。

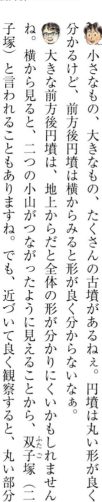

段築とテラス

確かに、丸と四角の組み合わせになっていますね。それに墳丘の斜面には途中に平らな部分がありますね。

よく気づきましたね。ほとんどの古墳は、丸や四角の形を2段から3段に積

上から前期・中期・後期の前方後円墳

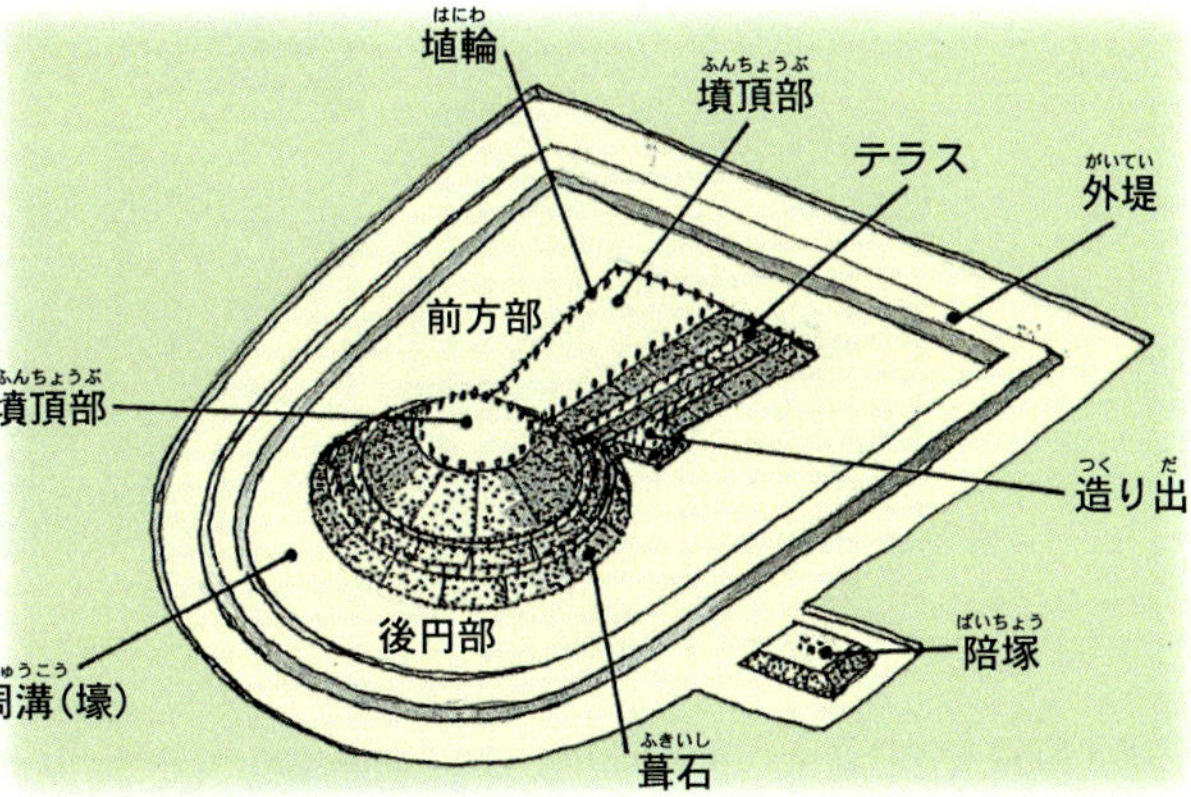

前方後円墳の各部の名称

み重ねたような形になっていて、これを「段築《だんちく》」と言います。斜面の途中にある平らな部分はテラスといって、この数によって積み重ねた段数が分かります。また、古墳の上も平らになっています。墳頂平坦面と呼びます。造られた当時の古墳は、テラスや平坦面がはっきりしていて、全体に角張っていたと思います。1400年から1700年が経つ間に、角が崩れて全体に丸みを帯び、ちょうど学校や公園にある築山のように丸く柔らかい印象になっています。

前方部と後円部の高さは変化している

こうして前方後円墳を横から見ると、丸い部分と四角い部分の高さが違うのですねぇ。

丸い部分の後円部と四角い部分の前方部では、その高さに差があるものとないものがあります。これは造られた時期に関係しています。古墳時代を古い順から前期・中期・後期と三つの時期に分けて考えると、古墳時代前期には後円部よりも前方部が低く、しだいに前方部が大きく高くなって、古墳時代中期にはほぼ同じ高さになります。そして古墳時代後期には、前方部の方が高いものが見られるようになります。

じゃあ、前方後円墳を横から見て、前方部と後円部の高さを比べたら造られた時期が分かるのね。

考古学者みたいだね。

葺石

見渡して見ると、ほとんどの古墳の表面には草が生えていますね。

葺石（西都原46号墳）

段築とテラス（西都原100号墳）

中には芝生が生えているものもありますが、もともとこうした状態だったのですか？

草が生えて丸くなった古墳は、自然の小山のように見えますが、本来古墳というのは人工的に造られたもので、ほとんどの古墳の表面は石で覆われていました。葺石《ふきいし》といって人間の拳《こぶし》から頭くらいの大きさの石を古墳の表面にならべるように貼っていたのです。しかし、古墳が造られてから長い年月が過ぎる間に表面に土が積もって、そこに草が生えているのです。表面が芝生のものは、私たちが発掘調査を行って、その結果をもとに古墳の形を復元したり、保護の目的で盛り土をしたりする整備の際に貼ったものです。

古墳の表面は石貼りだったって初めて知ったよ。

この１１１号墳では、墳丘の一部で本来の葺石の面を見ることができます。よく見ると石が列のように並んでいる部分があるのが分かりますか？　古墳表面の葺石は、適当に乱雑に貼ったのではなく、先に列状に石を並べて小さな区画を作って、その中を石で埋めていくという順序で造られました。葺石に見られる区画は、作業をする人たちの割り当てを示していたのかもしれません。

古墳の築造

とてつもない人力がかけられた

古墳が人工的に造られたということが分かりますね。それでは、古墳を造るために何人くらいの人が働いたのかしら？

古墳の大きさによって違いますが、大きな前方後円墳になると、数百人から

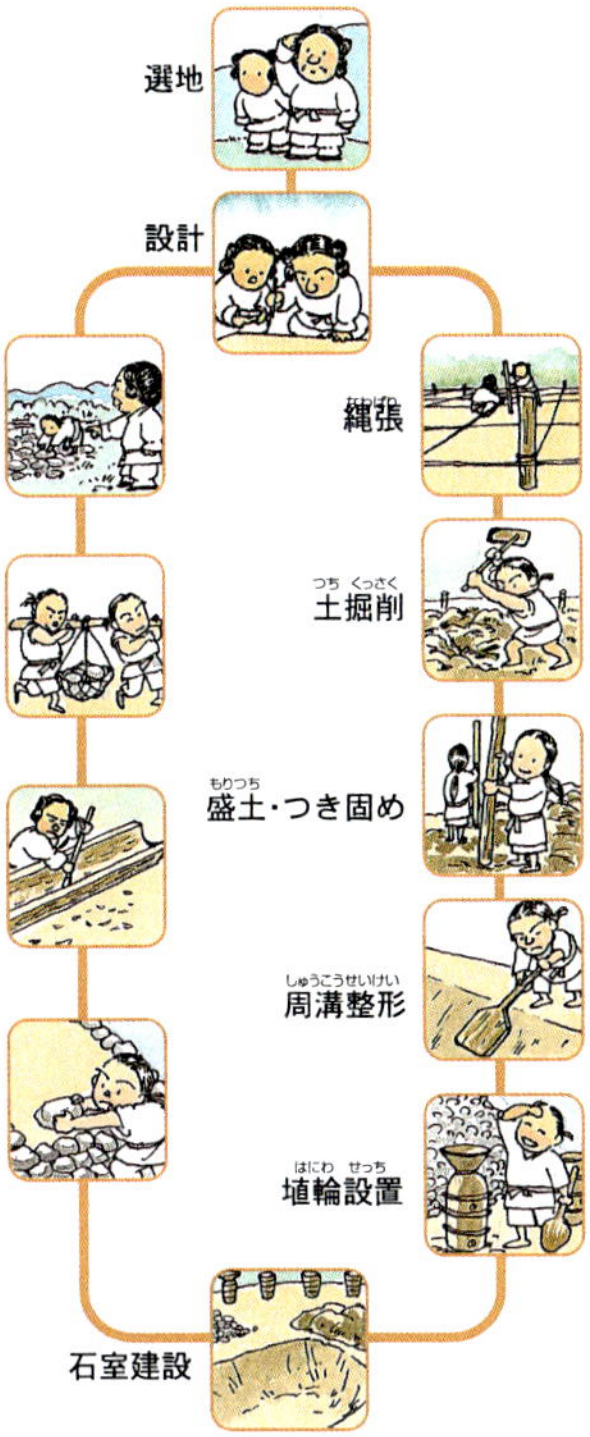

古墳の築造過程

前方後円墳の築造の様子

数千人の人たちが、数年から十数年もかかって造ったと考えられています。例えば、西都原で最も大きな女狭穂塚は、墳丘全長が１７６ｍ、高さは15ｍもあります。仮に1日１０００人が参加して1年に２００日働いたとすれば、約２年半の期間が必要だったと推定されます。日本最大の前方後円墳である大阪府の大仙《だいせん》古墳（伝仁徳天皇陵）は全長が４８６ｍもあり、1日２０００人が参加しても15年以上が必要という試算もあります。それだけの人びとを動員するためには、古墳に葬られたリーダーが支配する地域全体から人を集めたと思います。

現代のように機械もない時代に、そんなにも大がかりな工事が行われたんですね。

古墳の墳丘を造る土盛りや葺石を貼る作業だけでなく、石棺や木棺、石室を造ったり、古墳に並べる埴輪《はにわ》を造ったりすることも必要ですから、実際にはもっと多くの人びとが従事したのかもしれません。

設計図があった?!

古墳はどうやって作ったんだろう？

円墳や方墳については、作り方を想像しやすいと思いますが、前方後円墳はどうですか？

単純に丸と四角をつなぐだけではないですよね？

一口に前方後円墳と言っても、後円部と前方部の大きさや高さのバランスなどによっていろんな形のものが存在します。これは、時期によっても変わるし、葬られる人の社会的な地位によっても変わったと考えられます。そして、奈良県や大阪府といった畿内地方と、九州や四国、中国、関東地方など遠く離れた場所に、全く同じ形で大きさだけが違うもの、つまり相似形の古墳が存在していることが分かっています。このことから、古墳を作るための設計図や専門的な技術者集団も存在したのではないかと考えられています。

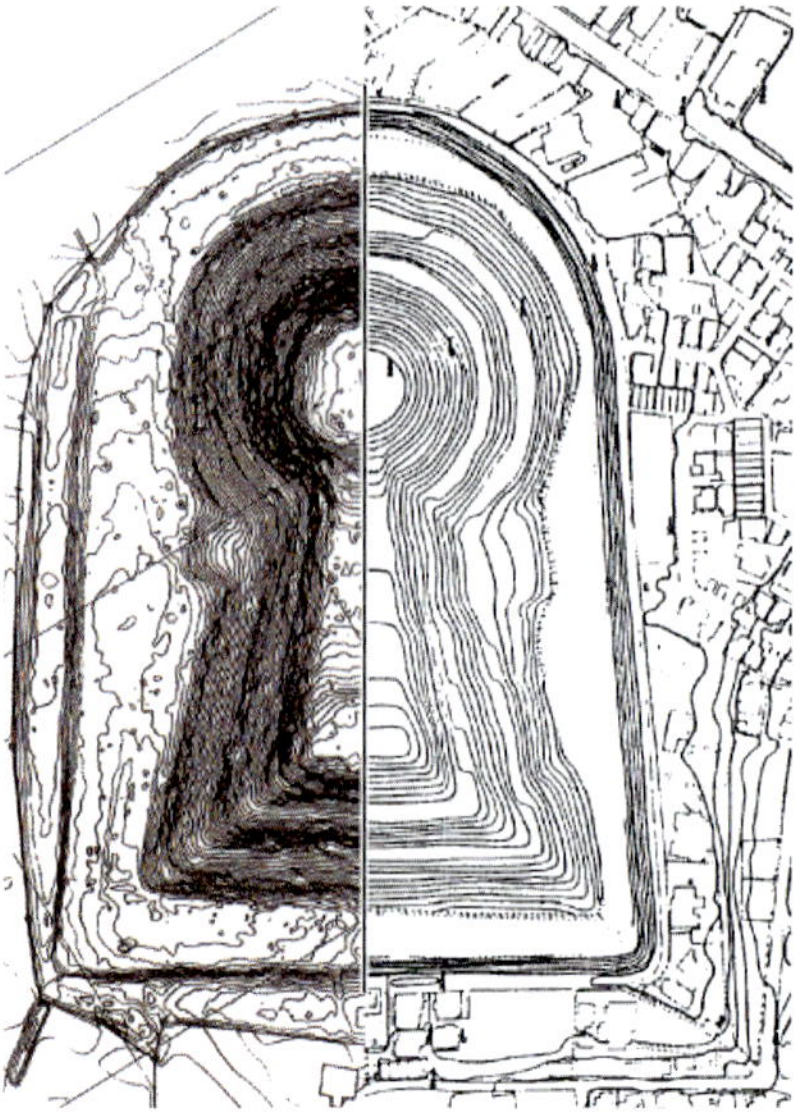

古墳の築造規格　墳丘規格の比較
左は西都原女狭穂塚、右は仲津山古墳（大阪府藤井寺市）。墳長は、女狭穂塚176m、仲津山古墳290m。規模の差はあるものの、墳形は相似形である。

設計図があったとは驚きですね。でも図面があっても、それを実際の古墳の大きさで作るのはとても難しそうですね。

測量や土木の技術・数学の知識も

古墳の全体形や各部分の形がどのように決められているのかということは、古墳の詳細な測量図を基《もと》に研究されます。墳丘規格と言われますが、図面上の墳丘規格を、実際の大きさで再現するためには、数学や測量、土木技術などの知識が必要です。また、長さの基準、つまり現代の物差しのような尺の考え方も存在していたと思います。

古墳時代の知識や技術って、想像よりも進んでいたのですね。

墳丘の築造

古墳の墳丘というのは、平面的な形だけではなく、高さや斜面の長さも重要な意味を持ちます。古墳は立体的で三次元的な構造物ですから、そのためには三角関数のような知識も必要だったと思います。

きれいな丸い形はどうやって作ったの？

おそらく、棒とロープのようなものを使ったと思います。棒に結び付けたロープをピンと張って、棒を中心にして周りを回れば正確な円が描けます。ちょうどコンパスのようですね。

古墳の墳丘には高いものもあるけど、土が崩れたりしないのかなぁ。

古墳の墳丘を積み上げる場合、一般的には「版築《はんちく》」という技術が使われました。墳丘の土は一気に積み上げるのではなく、少しずつ土を突き固めながら積み上げることで、墳丘が崩れにくくなったと思われます。墳丘の土の断面をよく見ると、種類の異なる土の層が何層も重なっていることが分かります。また、土嚢《どのう》袋のようなものを積み上げたのではないかと思われる事例も報告されています。

古墳は、さまざまな技術と工夫で造られていたのですね。

埋葬と副葬品

竪穴式と横穴式

古墳に人を埋葬する時はどのようにしたのでしょうか。

一般的に古墳の埋葬には棺が使われました。木で造った木棺や石で造った石棺です。棺を直接埋めることもありますが、多くの場合は何らかの施設が存在します。木棺を粘土で包む粘土槨や、棺を納める部屋を作る木槨や石室です。石室

横穴式石室（西都原、鬼の窟古墳）

粘土槨（西都原13号墳）

には竪穴式と横穴式があります。竪穴式石室は、棺の周囲に石を積み上げていき、最後は大きめの石で蓋をします。竪穴式石室は一度埋葬すると開けることはできません。古墳時代の初めの頃は、竪穴式石室や粘土槨が使われました。これに対して横穴式石室は、棺を入れる部屋に出入りするための通路を横方向につけるものです。通路の入口は大きな石で塞ぎますが、その石を外せば何度でも中に入ることができます。この石室では、一度埋葬した場所に、数年後に別の人を埋葬する追葬《ついそう》が可能になります。これは古墳時代の中期以降に、中国大陸や朝鮮半島から伝えられた新しいスタイルの石室です。

竪穴式から横穴式に変わるのは、どのような意味があったのでしょうか？

竪穴式の埋葬施設は墳丘の上部に作られます。埋葬の後に密閉される個人のための墓で、亡くなった首長の魂を神の近くに置くことを意識しています。これに対して横穴式は、墳丘の底面から中段の高さに作られることが多いです。先ほど言ったように、埋葬の後にも出入りすることができますので、家族などを追葬することができます。個人の墓ではなく家族や継承者の墓と言えましょう。首長の魂と現世の人びととの関わりを意識したものと言えます。

副葬品は情報源

古墳の中には、何か入れたの？

古墳の発掘で土器や鏡などが出土したというニュースがあるよね。

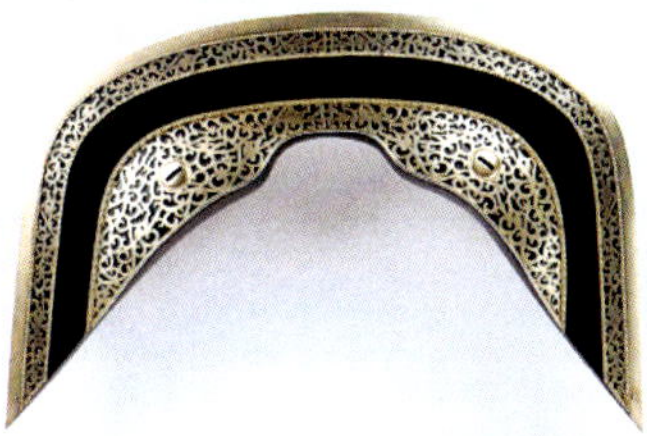

国宝　金銅馬具類　鞍橋金具同素材復元品
指定名称は「西都原古墳出土」となっているが、実際には西都原の西に所在する百塚原古墳群と見られている。

国宝　金銅馬具類　轡鏡板、杏葉、雲珠　他　レプリカ

古墳はお墓ですから、亡くなった人を葬ることが一番の目的です。そして、その人と一緒にいろんなものを入れることがあります。これを副葬品といいます。副葬品には、亡くなった人が使っていたもの、その人の役割や社会的な地位を表すもの、呪術的なもの、死後の世界で必要と考えられたもの等が入れられたと思います。刀や剣、弓矢などの武器、甲《よろい》や冑《かぶと》、馬に乗る時に使う馬具《ばぐ》、農具や工具、青銅製の鏡、勾玉や耳飾りなどの装身具、土器などです。

今でも、お墓参りに行く時はお供え物を持って行くわね。

副葬品は、時期によって変化します。大まかな傾向としては、古墳時代前期には、鏡や石製の腕環《うでわ》や祭祀具《さいしぐ》など呪術的なものが多く、中期には鉄製の武器や武具など力を示すものが中心となります。後期には、装飾性の高い金や銀などを使った大刀《たち》や馬具、装身具など、権威の象徴といえるものが多くなります。古墳には、埋葬された人の名前や亡くなった年などを書いたものはありません。そこで、古墳から発掘される副葬品を手がかりにして、埋葬されたのはどのような人物だったのか、いつ頃に作られたのかを探っていきます。

時代も分かるの？

時期によって副葬品の内容や組み合わせが変化しますし、土器や武器・武具なども作られた時期によって形や模様が変化するので、埋葬が行われた時期を知ることができるのです。

食べ物や飲み物も入れるの？

国富町で発掘された土器には、アワビの貝殻が入っていました。また、西都原で発掘された土器からは、魚に由来するＤＨＡという成分が検出されたこともあります。これらは、死後の世界での食べ物としてお供えされたものと思います。

古墳の被葬者

古墳には埋葬された人の名前を書いたものがないということは、誰のお墓か分からないのですか？

そうですね。日本全国で約20万基といわれる古墳の中で、被葬者名が確実視されているのはごく僅かで、数基しかありません。天皇陵も、江戸時代の末から明治の前半期に宮内庁が文献記録を基に治定《じじょう》したのですが、現在の学問的には全てが正しいとは言えません。

どうして名前を確定できないのでしょうか？

被葬者名を確定するためには、古墳の絶対的な年代を確定する必要がありますが、大多数の古墳は「5世紀の中頃」のように数十年の幅をもってしか限定できないからです。

古墳と埴輪

宮崎で見かける埴輪は宮崎出土ではない

古墳には埴輪《はにわ》が立っていたんでしょ。踊る埴輪とか馬の埴輪を見たことあるよ。テレビに出てくるハニ丸とヒンベエも埴輪だよね。

宮崎県民にとって埴輪は馴染《なじ》み深いかもしれませんね。宮崎空港の前には大きな埴輪が立っているし、街中の街灯に埴輪がデザインされ、平和台公園には「はにわ園」もあります。銀行や会社のキャラクターに使われているものもあります。しかし、そのほとんどは宮崎県出土の埴輪ではないのです。

街中に見られる埴輪人形
街中に多く見られる埴輪人形のモデルは、宮崎出土のものではない。

どういうことですか？　宮崎の古墳から出土した埴輪かと思っていました。

古墳には埴輪があるものとないものがあります。特に宮崎県では埴輪を持つ古墳の方が少ないくらいで、３００基を超える西都原古墳群でも10基前後の古墳しか埴輪が確認されていません。また、埴輪は全国共通のものではなく、古墳ごとにそれぞれ作られました。どの古墳でも同じ埴輪が使われているわけではありません。宮崎県内でも見かけることの多い有名な踊る埴輪や武人の埴輪、農夫の埴輪や馬の埴輪など、そのほとんどは埼玉県や群馬県などで出土して、国宝や重要文化財に指定されているものです。昭和40年代の新婚旅行ブームの頃に、お土産品として埴輪人形が作られ、その際に宮崎県出土ではなく全国的に有名なものをモデルとしたために、そのイメージだけが定着したのだと思います。

形象埴輪と円筒埴輪

宮崎県出土の埴輪といえば、西都原の家形埴輪と船形埴輪が有名ですね。

この子持家形埴輪と船形埴輪は、国の重要文化財に指定されています。子持家形埴輪は伏《ふせ》屋《や》式と呼ばれる大きな家の前後左右に小さな家が付いたもので、こうした形式の埴輪は全国でこの1例のみです。船形埴輪は全長が1mを超える大型のもので、準構造船という外洋航海も可能な船をモデルにしています。

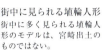

埴輪って人の形だけじゃないんだね。

一般的には、埴輪といえば人物や馬などのイメージが強いかもしれませんね。こうした、人や動物、家や船など、具体的なものを表現しているものを形象埴輪と言います。これに対して、大多数の埴輪は土管のような円筒形のものです。これを円筒埴輪といいます。弥生時代の終わり頃、瀬戸内地方のお墓にお供えされ

重要文化財
埴輪子持家
（西都原170号墳出土）
レプリカ

円筒埴輪
（西都原女狭穂塚出土、宮内庁所蔵）

た壺とそれを乗せるための台（器台）が、祭祀用に特殊に発達したものが円筒埴輪となったと考えられています。墳頂部の周囲や墳丘斜面の途中にあるテラス面、古墳の周囲を廻る周堀《しゅうくつ》の外側などに並べて立てられていたようです。

形象埴輪にはどんなものがありますか？

形象埴輪は、大きく分けて家形埴輪、器財埴輪、動物埴輪、人物埴輪があります。初めに家形埴輪と器財埴輪が作られ、時期的に遅れて動物や人物の埴輪が作られるようになります。器財埴輪とは、いろいろな道具などを表現したもので、埋葬するリーダーの権威を示すための蓋（きぬがさ＝高貴な人物にさしかける傘のようなもの）や翳（さしば＝高貴な人物の姿を隠すための目隠し状のもの）、霊魂を守るための大刀・盾・甲冑等の武器などが多く作られています。

宮崎県からは、形象埴輪は出土していないのですか？

今から15年ほど前、新富町の新田原《にゅうたばる》古墳群の一角、祇園原《ぎおんばる》古墳群の百足塚《むかでづか》古墳からさまざまな埴輪がまとまって出土しました。そこには人物や馬、鶏、家、盾などが含まれていました。徐々に宮崎の埴輪が明らかになりつつあります。

聖なる空間を表す

古墳に埴輪を並べるのはどうしてですか？

『日本書紀』には、垂仁《すいにん》天皇の皇后の死に際して、多くの人びとを生きながらに埋めてしまう殉葬《じゅんそう》という行為を止めさせるために、土で作った人や馬などで代用したという話があり、埴輪の起源とされますが、史実とは考えられません。古墳の土が崩れて流れないようにするための土留めという説もありましたが、現在では、権力者を埋葬する聖なる空間を表示して、守り、外側との区画をするた

墳丘上での祭祀

宮崎の埴輪（新富町新田原、百足塚古墳出土）

めという考え方が有力です。

人や動物の埴輪は何のために作ったの？

人物や動物の埴輪が作られるようになるのは古墳時代の中頃、５世紀後半以降です。亡くなったリーダーを葬るための儀式や見送りの人びとなどの情景を表していると考えられています。

古墳での祭祀（葬送儀礼）

古墳をつくるということや埋葬ということは分かりましたが、そのためだけにこんなに大きなものがつくられたんですか？　最終的にはどのような儀式が行われたのでしょうか？

古墳とはお墓ですから、そこで行われるのは亡くなった人を見送るための儀式ということになります。そのことを葬送儀礼と言い、埴輪を並べたり、副葬品を納めたり、器に入れた飲食物を供えたりと様々なことが行われました。古墳に見られる埴輪や土器などは全て葬送儀礼の痕跡と言えます。そして、古墳における儀式の本来の意味は、亡くなったリーダーから新しいリーダーがその立場を受け継ぐということです。

リーダーを交代するってことかな？

そうです。考古学の用語で言えば「首長《しゅちょう》権継承儀礼《けんけいしょうぎれい》」と言います。新しいリーダーが司祭者となって、前のリーダーの霊力や立場を引き継ぎ、そのことを神や人びとの前で誓うというものです。古墳とは墓であると同時に、首長権継承儀礼の場であると言うことができます。

地下式横穴墓の構造（生目古墳群パンフレットより）

6の章
生産力は高まり人は交流し、新しい社会へ
―― 宮崎の古墳時代の2つの顔 ――

地下式横穴墓

4号地下式横穴墓

ここは4号地下式横穴墓保存施設となっています。ここにはとても珍しいお墓が保存されています。

地下式横穴墓ですね。地下にあるお墓の中の様子をモニターで見学することができるのですね。

この地下式横穴墓は、宮崎県の南半、鹿児島県の大隅半島から霧島山麓、熊本県の人吉盆地の一部、つまり南九州の東半部だけに存在する独特のものです。通常の古墳は、土を盛って墳丘を作り、その中に人を葬る施設を作りますが、地下式横穴墓は、はじめに地面を縦に2、3m掘ります。これを竪坑《たてこう》といいます。竪坑の底から横方向にトンネルのような通路と、その奥に人を葬る部屋を掘って作ります。これを羨道《せんどう》と玄室《げんしつ》といいます。玄室に人を埋葬した後は、羨道を石や土の塊、板などで塞いで、竪坑を土で埋め戻します。玄室は空洞のまま残されます。

西都原4号地下式横穴墓　昭和31年の発見当時の玄室内部

土を盛った墳丘に葬るのと、地面を掘り下げた空洞に葬るのでは、全く別のもののようですね。

たしかに、地面よりも上に葬るのか、下に葬るのかという点では正反対の発想に思えますね。

そのお墓も古墳なの？

西都原4号地下式横穴墓　出土遺物

地下式横穴墓が作られたのは、古墳時代の中頃から終わり頃、5世紀前半から7世紀の初め頃になります。墳丘を持つ古墳と同じように、副葬品もありますし、その内容や組み合わせ、量によって埋葬された人の地位の違いを指摘することもできます。墓の形や大きさについても、玄室が奥に長いものと横に長いもの、2m以下のものから5mを超えるものまで、身分や社会の中での階層の違いが認められます。こうした点では、墳丘を持つ古墳と同じとも言えます。

南九州独自の墓制

でも南九州だけにしかないんでしょ？

全国に分布する前方後円墳や円墳、方墳に対して、地下式横穴墓は南九州にしかありません。そこで、30年くらい前までは、前方後円墳や円墳などはヤマト政権かその仲間の墓で、地下式横穴墓はそれに敵対していた「隼人《はやと》の墓」と考える人が多くいました。

地上と地下で埋葬の発想も違うし、南九州だけにしかないのなら隼人の墓と考えるのも分かる気がしますね。

しかし、前方後円墳や円墳から出土する副葬品と、地下式横穴墓の副葬品では内容的にあまり差はありません。鉄製甲冑や、刀剣、馬具、矢じり、青銅の鏡などが見られます。敵対している勢力なら、同じものを多く持っているのは不思議ですよね。また、西都原や新田原《にゅうたばる》、生目、国富町の本庄など多くの古墳群で、前方後円墳や円墳と地下式横穴墓が、同じ範囲内に存在しています。

では、敵対関係ではなかったということですか？

お墓というのは最も伝統的なものですから、違うスタイルのお墓を作るということは、違う伝統を持った人たちだったとも考えられます。もしそうであったとしても、敵対関係というよりは、むしろ協力的な関係ではなかったかと思います。前方後円墳や円墳の墳丘の下に、重なるように作られた地下式横穴墓も数多く見つかっていることからも、そうした事が言えると思います。

平野部と内陸部

西都原とえびの市の地下式横穴墓は同じものですか？

地下式横穴墓が分布している場所を大きく分けると、平野部と内陸部に分けられます。平野部というのは、宮崎市や西都市、新富町、鹿児島県の志布志湾沿岸などです。内陸部というのは都城盆地、えびの市や小林市、鹿児島県の大口盆地などの霧島山の周辺などです。平野部と内陸部では、地下式横穴墓の特徴に違いがあります。これまでに確認されている地下式横穴墓の数では、内陸部の方が平野部よりも倍以上に多いようです。平野部の地下式横穴墓は、玄室が奥に長いものと横に長いものの両方が存在し、その大きさも、５ｍを超える大きなものから、２ｍ以下の小さなものまで格差が大きいのが特徴です。これに対して、内陸のものは玄室が横に長いものがほとんどで、大きさも平野部ほどの差は見られません。

それはどのような意味があるのですか？

平野部の地下式横穴墓ほど、そこに葬られる人たちの社会的な権力の差が大きかった。あるいはその差をお墓にまで反映させる意識があったということです。逆に内陸部の地下式横穴墓には、社会的な差が少ない。あるいはそうした差をお墓にまで反映させる意識がなかったと言えるかもしれません。

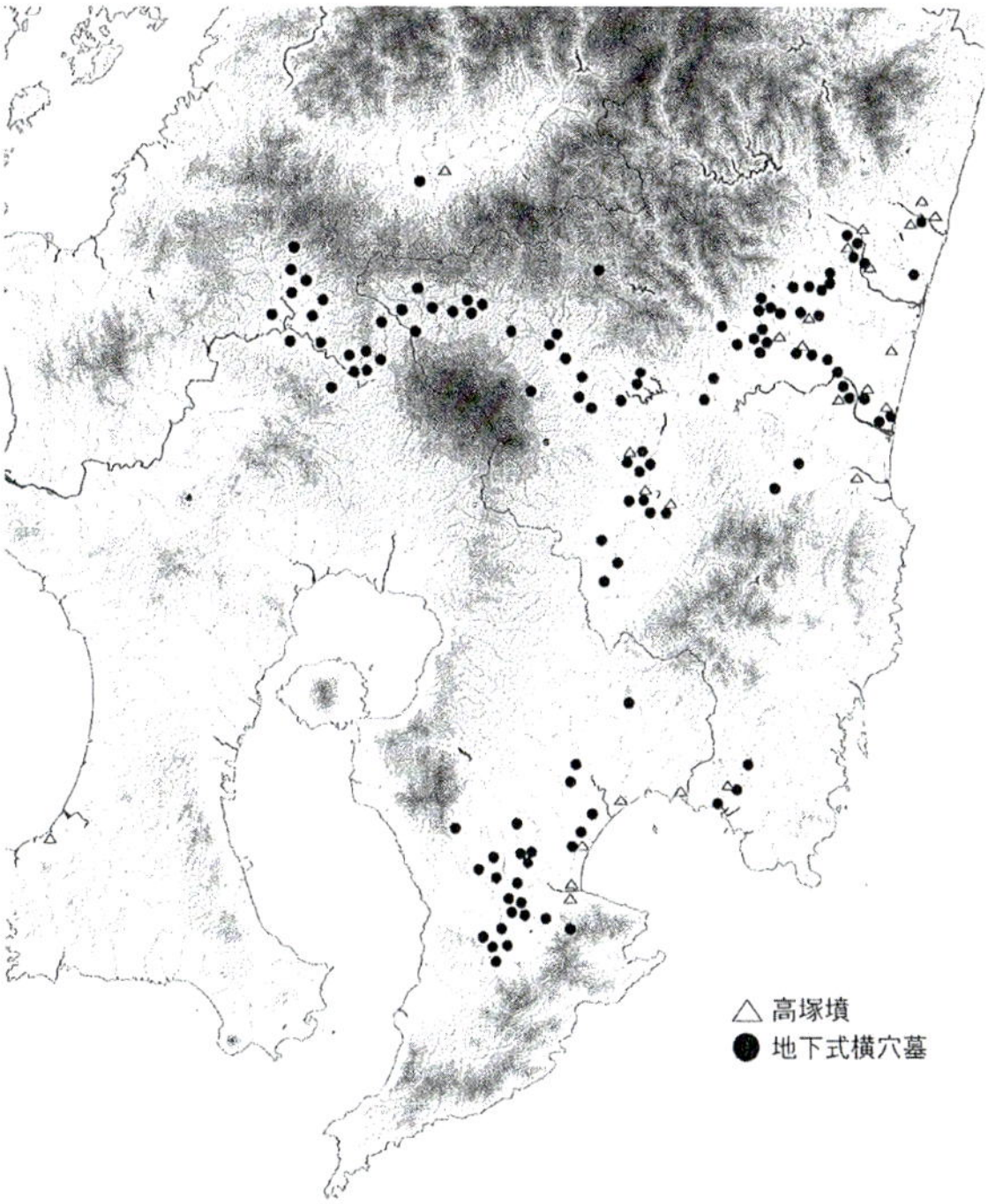

南九州の主要高塚墳と地下式横穴墓の分布

左上：下北方5号（宮崎市）、左中：東二原11号（小林市）、左下：島内21号（えびの市）

同じ地下式横穴墓でも違うんだね。

実は、南九州で前方後円墳が存在している場所の大部分が平野部です。都城盆地の限られた一部の範囲にも前方後円墳は存在しますが、霧島山周辺には全く存在しません。このことは、社会的な権力の差を墓の形や大きさに反映させているのは前方後円墳が存在する範囲であり、社会的な差が小さく、墓にまで反映させないのは、前方後円墳が存在しない範囲と言えます。

地下式横穴墓の副葬品

密閉空間

この前、えびの市の地下式横穴墓から貴重な刀剣が発見されたとニュースでありましたが、地下式横穴墓の副葬品には貴重なものが多いんですか?

地下式横穴墓は、地面の下に掘られた玄室に人を埋葬した後、羨道を塞いで竪坑のみを埋め戻します。玄室は地下に空洞として残りますので、密閉された中の温度と湿度は非

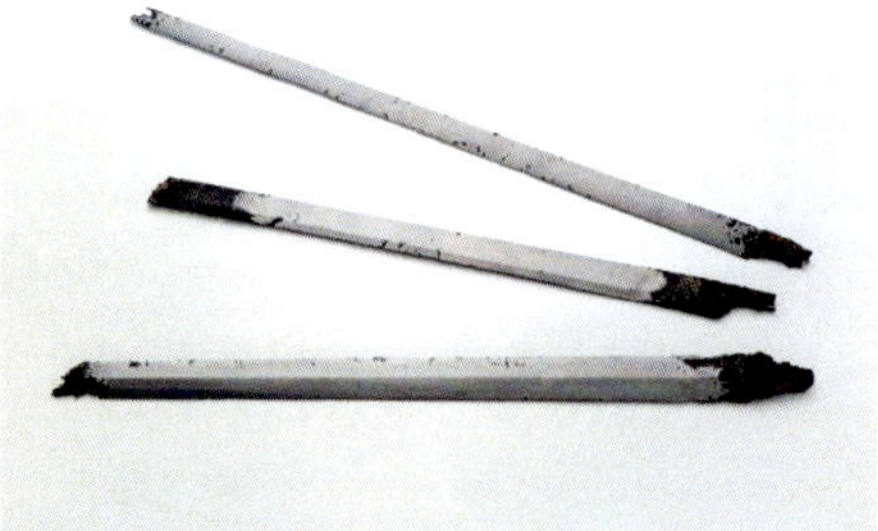

研磨されて輝きを取り戻した刀剣
（小林市大萩14号地下式横穴墓出土）

えびの市島内地下式横穴墓群出土の主要遺物
（重要文化財）

常に安定した状態となります。１５００年経っても空洞が残っているものも多いです。

温度は何度くらいなの？

一年を通して20℃ほどで安定しています。湿度はとても高く、98〜99％です。

そんなに湿度が高いと副葬品に影響はないのですか？

実はこの安定した温度と高い湿度が副葬品の残りを良くしたと考えられています。地下式横穴墓には、甲冑や刀剣、矢じり、馬具、農工具など鉄で作られたものが多く副葬されます。これらの鉄製品がとても良い状態で残っているのです。

鉄は錆《さ》びてしまうでしょ？

それでは、地下式横穴墓から出土した副葬品を見るために博物館に戻りましょう。

１５００年前の刀剣

このコーナーに展示されているものは全て地下式横穴墓からの出土品です。この刀を見てください。これは１５００年前のものです。

ピカピカに光ってるよ。

今でも切れそうなくらいに輝いていますね。でも他のものは全体が錆びていますね。

もちろんこの刀も出土した時には全体が錆びていました。し

地下式横穴墓の展示コーナー

かし、表面のサビを取り除くと、内側の鉄自体は当時のままに残っていました。この３本の刀剣は日本刀の研ぎ師さんにお願いして研いでもらったのですが、１５００年前に造られた当時の輝きを取り戻しました。

こんなことがあるなんて信じられないわ。

湿度の高い空間に入れられた鉄製品は、一気に錆びていったと思います。しかし、急速に表面だけが錆びたために、鉄の内部まで錆が浸透しなかったものと推測されます。鉄だけではなく、刀を納めた木製の鞘《さや》に巻かれていた組紐や、甲を身につけるための肩紐、鏡を吊した紐や包んでいた布なども残っている場合があり、古墳時代の技術や、どのような使われ方をしていたのかが分かる例もあります。このように、地下式横穴墓から出土する鉄製品は驚くほど保存状態が良いので、全国の研究者からも注目されています。

１５００年前の人骨

こっちにはガイコツがあるよ。

地下式横穴墓には、そこに埋葬された人の骨もよく残っています。日本列島の土壌は酸性が強く、直接土に埋まると骨は溶けてしまいます。しかし、玄室が空洞のままに残される地下式横穴墓では、１５００年前の古墳時代の人たちの骨が残ることが多いのです。こうした人骨を調べると、年齢や性別、身長などの他に、その人の病気や健康状態、死因、習慣的な行動、出産経験なども分かることがあります。考古学は、遺跡に残された遺構や遺物を通して、原始古代の人びとの生活や社会の様子を考えていきますが、古人骨を調べるということは、過去に生きた人間そのものに直接的に迫ることであり、とても貴重な資料と言えます。

重要文化財　埴輪船
（西都原170号墳出土）
レプリカ

この博物館にはどのくらいの資料が保管されているのですか？

鉄製品は約６０００点、古人骨は約７００体を保管しています。その多くは古墳時代のものです。これらは、宮崎県が誇る財産といえます。

古墳時代の船

西都原出土の船形埴輪

こちらには船形埴輪を展示しています。

西都原から出土したものってこれですね？

今から１００年ほど前、大正時代に行われた西都原古墳群の発掘調査で出土しました。ここに展示しているのはレプリカですが、実物は国の重要文化財に指定されていて、東京都の上野にある東京国立博物館が所蔵しています。

だいぶ昔に見つかっているのですね。

西都原古墳群は、大正元年から同6年に発掘調査が行われました。これは、我が国初の本格的・組織的な古墳の発掘と言われていますが、その調査で船形埴輪は出土しました。西都原古墳群には九州で最も大きな古墳である男狭穂塚・女狭穂塚という二つの大きな古墳がありますが、この埴輪はその大古墳に付属する陪塚《ばいちょう》といわれる１７０号墳から出土しました。

外洋航海の準構造船

この船形埴輪はずいぶん大きな船のようですね。

全国では約50例の船形埴輪が知られていますが、この西都原出土の船形埴輪は全長約１００㎝の大型のもので、丸木舟の両側に波よけの板を取り付けた

丸木舟　滋賀県長命寺湖底遺跡出土の丸木舟と櫂
（財団法人滋賀県文化財保護協会2006より）

準構造船の復元模型
（大阪府立弥生文化博物館2013より）

構造船の復元模型
（大阪府立弥生文化博物館2013より）

準構造船といわれる船を表現しています。船首と船尾が大きく反り上がっているのが特徴で、モデルは外洋を航海する船であったと思われます。

この船はどうやって動かしていたのかな？

船を漕ぐオールを固定するための突起が両側に6個ずつ付いていますので、12人もしくは24人がオールを漕《こ》いでいたと想像されます。

この船でどこに行って、何を運んだのかな？

海を渡ってモノや人を運んでいたと思われます。展示室にあるゴホウラやイモガイなど南海産の貝殻で作られた腕輪や、朝鮮半島からは土器や鉄製品などが運ばれたと考えられます。

他には何が運ばれたのですか？

古墳時代には朝鮮半島との交流が盛んでしたので、半島製の金銅製耳飾りや馬具、武具などが船で日本に持ち込まれました。それ以外にも金細工や焼き物などの先進技術が一緒に伝わったと思います。もちろん日本からもいろいろな物が運ばれています。

丸木舟から準構造船そして構造船へ

古墳時代より前にはどんな船を使っていたのですか？

それでは、船の歴史を紹介しましょう。日本で一番古い舟としては、約1万年前の縄文時代の遺跡から丸木舟が見つかっています。一本の丸太を半分に割って、中をくりぬいて作った舟です。

おきよ丸（宮崎神宮大祭にて）
西都原出土の埴輪船をモデルとしている

縄文時代の丸木舟は、長さ5～7m、幅50～70㎝と細長い舟で、不安定なので、あまり多くのモノは乗せられなかったと思います。

もっと昔にも舟を使っていたの？

今から2万年以上も前の旧石器時代に、伊豆諸島の神津島《こうづしま》で採れる黒曜石《こくようせき》が本州の各地で石器として出土しています。恐らく舟で石を運んだのでしょう。

古墳時代のような船はいつ頃から使われたのでしょうか？

弥生時代になると稲作や金属器など大陸から新しいモノ・技術・人がもたらされました。そして、より多くのモノや人を運べる大型の船が必要となったのです。そこで丸木舟の両側に幅広い板（舷側板《げんそくばん》）を取り付け、前後には波除《よ》けのための竪板《たていた》を取り付けた準構造船が登場します。

教科書に出てきた遣隋使を乗せた船はどんなものだったの？

飛鳥時代になると本格的な構造船へと変わっていきます。100人以上を乗せることのできる大型船です。

古墳時代の船はどんな形だったの？

古墳時代の集落や古墳から出土する実物の船の一部や船形埴輪、土器や円筒埴輪に描かれた線刻画などから推定される船はやはり準構造船です。宮崎神宮大祭「神武さま」に登場する「おきよ丸」は西都原出土の船形埴輪を、モデルにしたものです。

「神武さま」では大勢の人に引かれた船を見たことがありますが、実際にはどのような航海をしていたのでしょうか？

大王のひつぎ実験航海

実は、２００５年に「大王のひつぎ実験航海」というプロジェクトで、西都原の船形埴輪をモデルにした古墳時代の船が原寸大に復元されました。

すごいね。

このプロジェクトは熊本県宇土《うと》市で採れる「ピンク石」と呼ばれる阿蘇溶結凝灰岩《ぎょうかいがん》の馬門石《まかどいし》で作った石棺が、畿内の大王の古墳に使われていることから、実際に石棺を作り、熊本から瀬戸内海を通り大阪まで運ぶという壮大な実験でした。

どうやって運んだのかな？

６～７ｔある石棺を台船に載せ、復元船で曳《ひ》いて大阪まで運んだのです。復元船の長さは12ｍ、幅２ｍ、重さ推定約６ｔの船でした。左右９本ずつのオールを交代で漕ぎ、23の港に立ち寄りながら、見事34日をかけて１０００㎞離れた大阪まで石棺を運び、実験は成功しました。

古墳時代もそんなに早く行けたのかな？

このときは一艘《そう》の船を１００人を超す人が交代で漕ぎ、エンジン船が随行する体制での航海でしたが、実験航海の結果、実際は、70人ぐらいが３、４艘の船に乗り込む船団を組み、約80日以上の日程をかけて60～70か所の港に寄港しながら石棺が運ばれていたと推測されました。

古墳時代の船は、大事なものを遠くまで

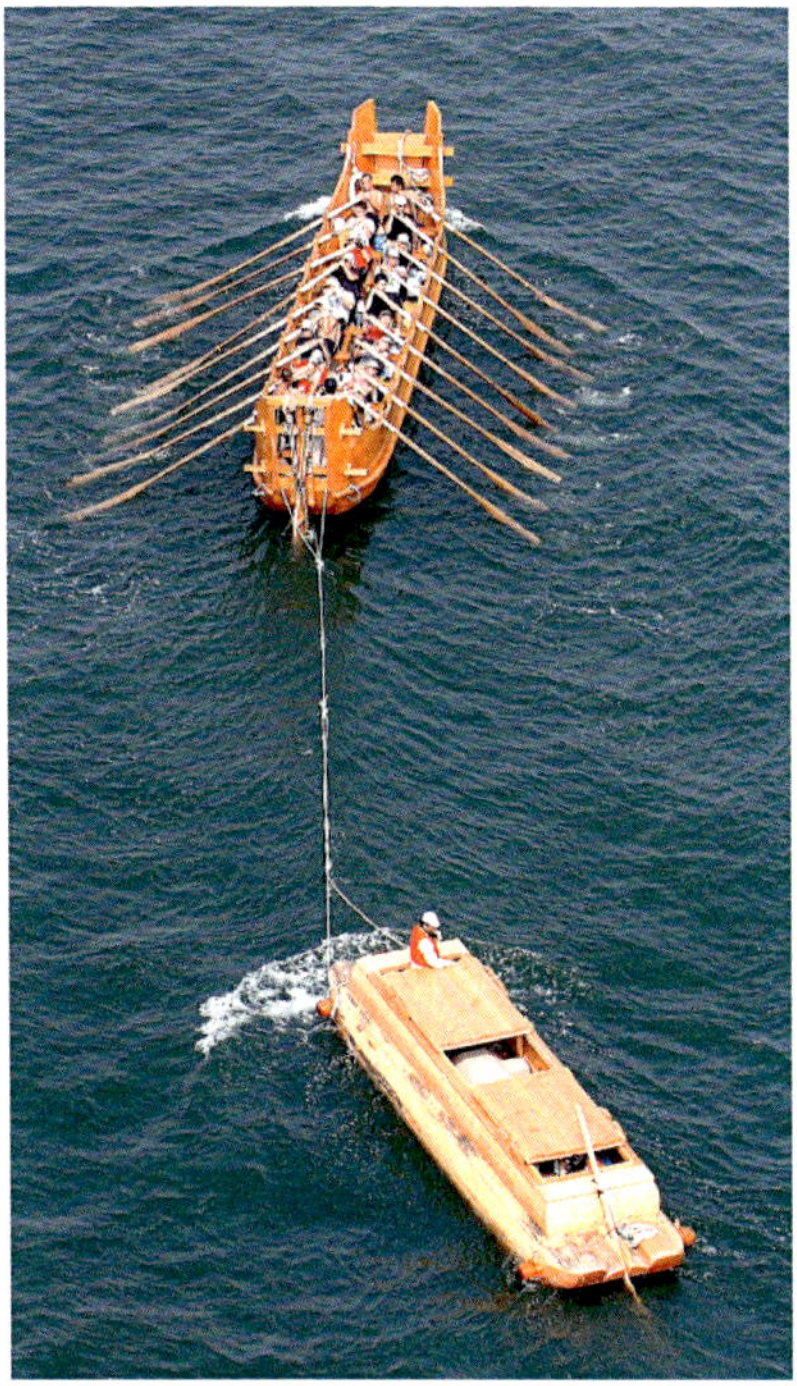

復元された古代船「海王」と石棺をのせた台船（大王のひつぎ実験航海より）
「海王」は、西都原出土の埴輪船をモデルとして復元された。

横穴墓の玄室壁画に描かれたフネ
（宮崎市蓮ヶ池横穴53号）
死者の魂を運ぶ乗り物として、古墳や横穴墓に船が描かれることは多い。

運ぶための船だったのですね。

死者の魂を運ぶ

一方、船は死者の魂を運ぶ乗り物とも考えられていたようです。九州に多く見られる装飾古墳の中には、舳先《へさき》に鳥がとまる船の壁画が石室に描かれています。

宮崎にも壁画はあるの？

宮崎市蓮ヶ池《はすがいけ》や旧佐土原町土器田《どきだ》の横穴墓に見られます。この大きな拓本を見てください。宮崎市蓮ヶ池53号横穴墓に描かれている壁画の拓本です。人を葬る玄室の壁に、三日月のような形をした船や人の顔、鳥などが描かれています。親戚や知り合いに見送られながら、死んだ人の霊魂が船に乗って、他界へいく情景と考えられます。船の前後の2羽の鳥が船を他界へ導いています。

埴輪の船も人の霊魂を運ぶものなのかしら？

船形埴輪も死んだ人の霊魂を運ぶものと考えられていました。古墳時代の人びとは、死後の世界は遥《はる》か海の彼方《かなた》にあると信じて、古墳の上に船形埴輪を並べたり、石室に船の壁画を描いたりしていたのです。とても興味深いことですね。

人の交流が広がり、技術革新が進み、新しい社会体制が生まれた

——古墳時代は大きな転換の時代だった——

古墳時代とは

宮崎県の歴史を考えるとき、最も特徴的で重要な意味を持っている時代は古墳時代と言えるでしょう。これまでのまとめとして古墳時代までを振り返ってみましょう。

人類が誕生してからのとても永い時の流れの中で、いくつかの大きな出来事がありました。縄文時代の弓矢と土器の発明は、食糧確保の面で人びとの暮らしをより豊かにしました。弥生時代の稲作の開始は、地域社会と指導者の出現、余剰生産物による格差の発生などを引き起こしました。そして、古墳時代になると、様々な技術の革新により生産力が向上し、個々の地域社会が連合することによって広域の政治権力が生まれました。

特に、畿内を中心とする全国的な首長連合の出現は、人・モノ・情報の交流を活発化させ、共通の価値意識を拡大させるとともに、社会的階層構造を明確にしました。その象徴と言えるのが前方後円墳の存在です。宮崎県内にも数多くの前方後円墳が作られ、中でも九州最大の前方後円墳が存在することは、生目古墳群や西都原古墳群をはじめとする宮崎平野部の勢力が、畿内ヤマト政権と強く結びついていたことを示しています。

しかし、南九州のみに存在する地下式横穴墓も大きな存在です。強い地域的個性を見せる地下式横穴墓は、平野部においては前方後円墳をはじめとする高塚古墳群と共存し、首長的存在から有力家族層までの階層分化の浸透が顕著です。しかし、内陸部においては墓の形態や規模の面で突出した存在を見いだしにくく、共同体的な均質性を見せながらも、甲冑や馬具、刀剣類などの副葬品の面では、畿内や宮崎平野部など前方後円墳社会とのつながりが指摘されます。

畿内を中心とする文化と社会に組みこまれた全国的な普遍性と、南九州の地域性を色濃く示す独自性。こうした二面性こそが宮崎の古墳時代の特徴です。

7の章
統一国家の形成と地方の編成
—— 律令時代と宮崎 ——

「都」と「国」——律令国家の建設——

「大王」から「天皇」へ

古墳時代には、日本の各地に豪族と呼ばれる首長（リーダー）がいて、軍事的・経済的に自分の支配する地域を治めていました。中でも畿内地方の豪族たちは大豪族とも呼ばれるほど勢力が強く、「大王（おおきみ）」と呼ばれた大首長を中心にまとまっていました。この大王は後に「天皇」と呼ばれるようになります。大王や畿内の豪族たちは、地方の豪族たちと連合体を形成して、九州から東北地方南部までが一つの政治的なまとまりとなっていました。その連合体のシンボルとなったのが前方後円墳をはじめとする古墳でしたが、そこには沖縄などの南西諸島、東北地方北部、北海道は含まれていません。

日本列島全体が、一つの国ではなかったということですか？

大王を中心とする畿内と地方の豪族たちが、古墳をシンボルとして政治的・軍事的に結びついていたのですが、一つの国と呼べる段階ではなかったと思います。さらに、古墳文化が浸透していない地域は、そのまとまりからも外れていたということです。

じゃあ、日本が国としてまとまるのはいつからですか？

弥生時代後半から古墳時代にも、日本列島の勢力と中国大陸や朝鮮半島の国々には交流がありました。特に、6世紀後半に隋が、7世紀の初めに唐が中国を統一し、朝鮮半島にも勢力を拡大するようになると、東アジア全体が政治的に緊張した状況になりました。そうした中で、日本列島もしっかりとした国の形を

国と国名・国府《こくふ》、おもな道路

国府《こくふ》の多くは、内陸部の高台につくられた。平野部には湿地《しっち》がひろがり、開発がすすんでいなかったからである。

＊国名は時代によってことなる。

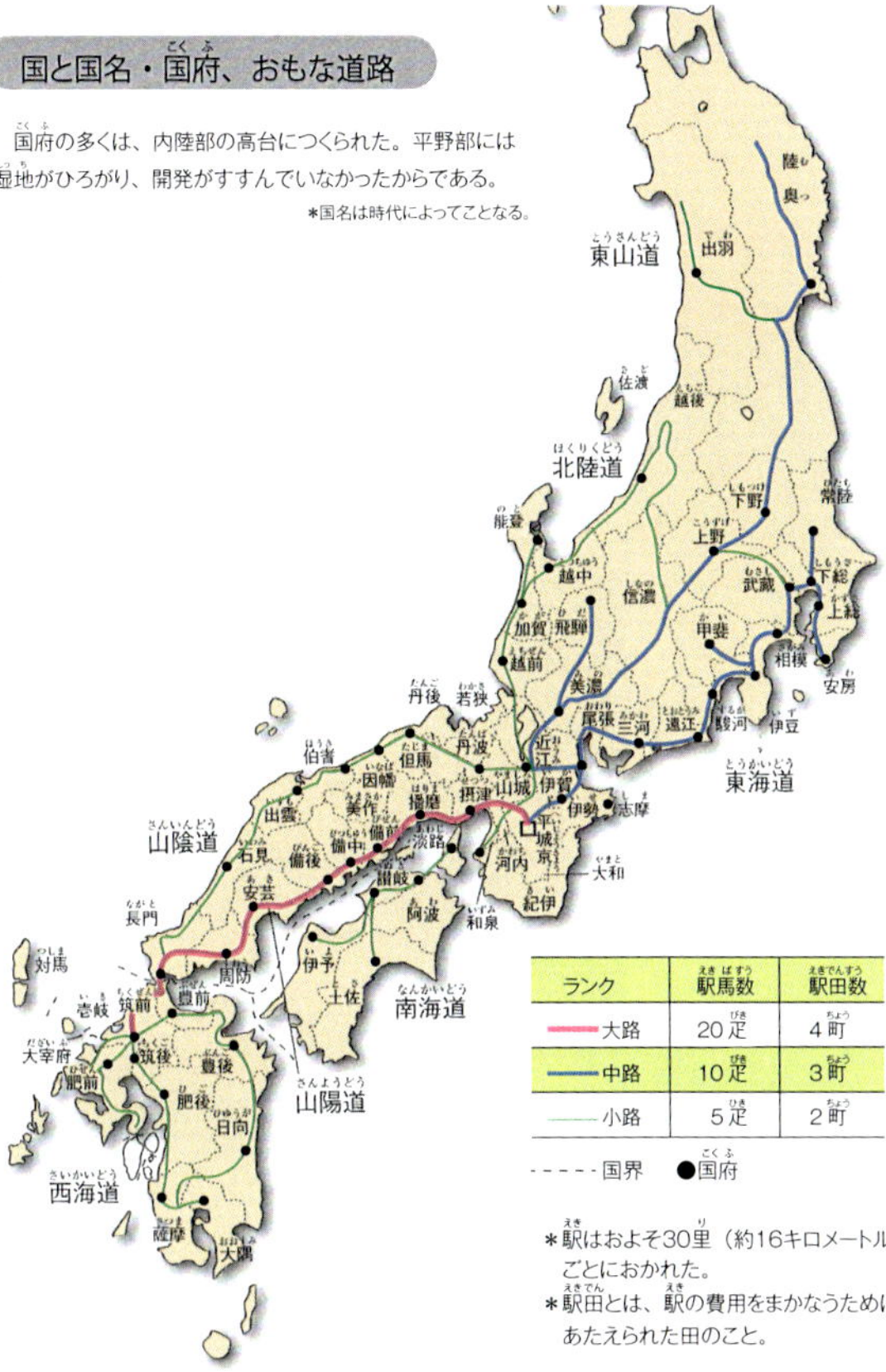

ランク	駅馬数《えきばすう》	駅田数《えきでんすう》
大路	20疋《ぴき》	4町《ちょう》
中路	10疋《ぴき》	3町《ちょう》
小路	5疋《ひき》	2町《ちょう》

----- 国界　●国府《こくふ》

＊駅《えき》はおよそ30里《り》（約16キロメートル）ごとにおかれた。

＊駅田《えきでん》とは、駅《えき》の費用をまかなうためにあたえられた田のこと。

律令国家が配置した旧国と国府

整えなければ、東アジアの政治的混乱に飲み込まれてしまうという危機感が高まりました。そこで目指されたのが天皇を中心とした国づくりで、法律や規則によって統治する中央集権的な国家でした。法律や規則のことを中国にならって「律《りつ》令《りょう》」と言いますので、「律令国家」ともいわれます。

「都」と「国」

具体的にはいつ頃、どのような事が行われたのでしょうか?

6世紀の終わり頃から7世紀にかけて活躍した人と言えば、聖徳太子《しょうとくたいし》が有名です。自分の叔母にあたる推古《すいこ》天皇の摂《せっ》政《しょう》として政治の中心にいました。仏教を保護し、さまざまな制度を作り、遣隋使を派遣するなど国づくりに活躍しました。その後、大豪族であった蘇我氏が滅ぼされた大化の改新などを経て、8世紀初頭、701年に大宝律令が完成します。これは、隋や唐といった中国の制度を手本とした我が国初の律令です。この後、奈良が都となりますので、この時代を奈良時代といいます。

律令国家はどのように日本を治めていったのですか?

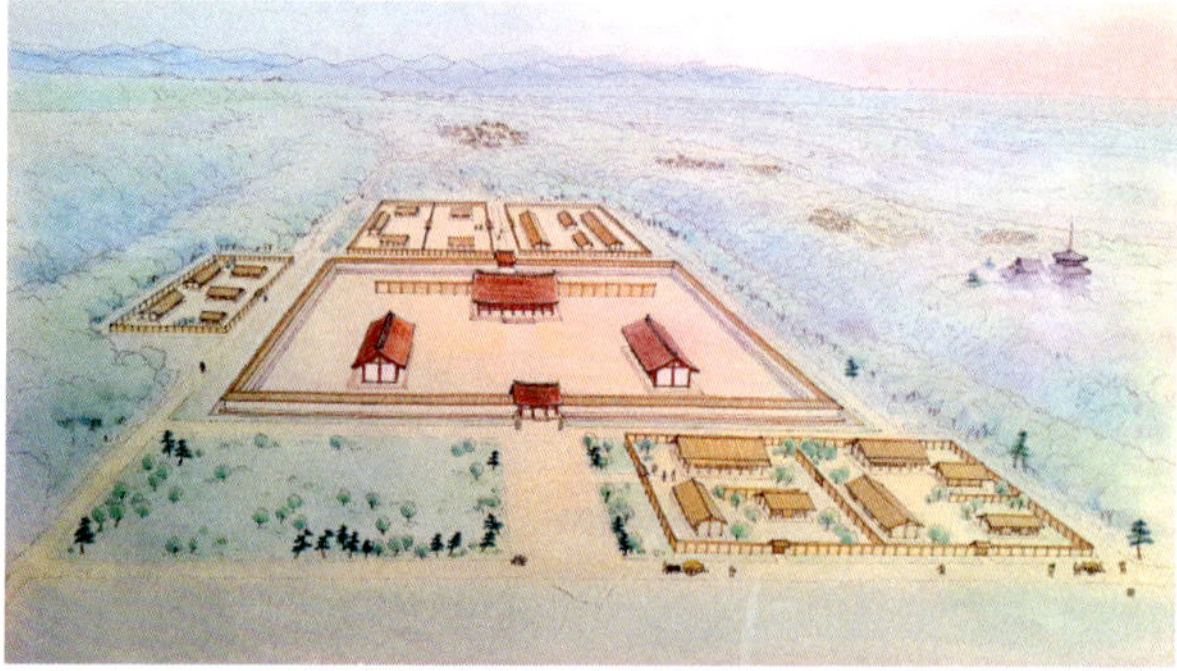

（上）日向国府跡の復元
（下左）建物痕跡（西都市、国史跡 日向国府跡）
（下右）国史跡　日向国府跡　全景

律令国家の下では、全国に行政単位としての「国」が置かれました。現在の都道府県のようなもので地域ごとの行政を担当しました。７０１年の大《たい》宝律令《ほうりつりょう》より前、７世紀後半には日本の各地に国が置かれ、各地の豪族が国造《くにのみやつこ》に任命されましたが、律令の成立後は中央から国司が派遣されました。

「日向国」の「国府」

宮崎県にも国があったの？

現在の宮崎県と鹿児島県にあたる南九州は「日向国」と呼ばれていました。そして、現在の県庁にあたる国の役所としての国府《こくふ》が置かれました。

その頃の役所ってどこにあったのですか？

日向国の役所は「日向国府」といって、現在の西都市三宅、この西都原古墳群のすぐ近くにありました。近年までその場所がはっきりしていなかったのですが、１９８８年から約20年の調査を経て、西都市の妻北《つまきた》遺跡群の寺崎《てらさき》遺跡が日向国府跡であることが判明し、２００５年に国の史跡に指定されました。こちらのコーナーには、日向国府の復元想定イラストと出土品が展示されています。

どうしてこんな建物があったと分かるの？

7の章

隼人の楯　展示コーナー

発掘調査で、建物の柱を建てた穴や礎石が見つかっているので、どのくらいの大きさの建物がどこに建っていたか、どこに門があったか、塀に囲まれていたのかなどが分かります。同じ場所に建物の跡が重なっていれば、何回建て替えたのかも分かります。建物の様子や出土した遺物から8世紀中頃から9世紀前半に存在したことは確実で、今後の調査でさらに前後の時期の様子も明らかになると思います。

隼人の存在

隼人の楯

ここは、壁にたくさんの板がかかっているね。

渦巻きみたいな変わった模様が描いてあるけど、何だろう？

これは奈良時代から平安時代にかけて使われていた楯《たて》です。楯とは、兵士などが身を守るために使う道具で、実物よりも例えばゲームのアイテムとして知っているという方が多いかもしれませんね。これらの楯は「隼人《はやと》の楯」と呼ばれており、南九州の人たちと深い関係があるとされています。

隼人の楯ですか。初めて聞く名前です。

「隼人」と呼ばれた人たち

まずは「隼人」について説明が必要ですね。隼人という呼び名が生み出されたのは、7世紀の終わり頃と考えられています。当時、中国大陸には唐《とう》という強大な国が誕生しており、朝鮮半島では、唐と連合した新羅《しらぎ》が百済《くだら》・高句麗《こうくり》を滅ぼして朝鮮半島を統一するなど、激動の時代でした。東アジアの情勢が緊迫する中、周囲の「夷狄《いてき》」（＝異民族）を服属させられるような完成した国家であることを対外的にアピールする必要に迫られた律令国家が、南九州に住んでいた人たちのことを自分たちとは違う存在である夷狄と位置づけ、隼人と呼んだのです。

南九州の人たちが、自分たちで隼人と言ったわけじゃないんだね。

政治的な理由から、律令国家側が一方的に付けた呼び方だと思います。

どうしてだろう？

南九州は中央から遠く離れた辺境の地と思われがちですが、古墳時代前期から中期（4～5世紀）の南九州は、畿内のヤマト政権と密接な関係をもっていたことが分かっています。朝鮮半島との交流をめぐる北部九州勢力との駆け引きなど、当時の複雑な政治的情勢が背景にあり、ヤマト政権が南九州を重要視した結果、文物の授与や技術者の派遣などの活発な交流が行われたようです。宮崎平野から大隅半島にかけて残る巨大な前方後円墳や、副葬品としてお墓に納められた鉄製の甲冑などが、ヤマト政権と南九州のつながりを示すものです。

最初は仲が良かったってことですね？

ところが、古墳時代後期（6世紀）になると、ヤマト政権による北部九州での磐井《いわい》の乱平定で北部九州の脅威が取り除かれ、結果として南九州の重要性は薄れていくことになりました。薩摩・大隅地方では成川式土器《なりかわしきどき》という弥生時代以来の在来的な要素を色濃く残した土器が使われていましたが、日本列島で広く普及していた土師器《はじき》とは器の種類が少し違うので、生活様式にも差異があったと考えられています。隼人と呼ばれた存在をつくり出すにあたって、律令国家がそのような地域的な個性に着目した可能性はあるでしょう。

隼人の楯
レプリカと復元品

儀式用の楯

隼人とされた南九州の人たちが楯を持っていたのは何のためですか？当時、戦いがあったのでしょうか。

律令国家が編纂した『続日本紀《しょくにほんぎ》』には、奈良時代の初め頃（8世紀前半）に、律令国家の征討軍と隼人の間で3回の軍事衝突が起こったと記録されていますが、その時に隼人が楯を用いたかどうかは分かっていません。実は、この楯は律令国家が隼人に持たせるために作った楯なのです。

隼人は自分たちのものではない楯を国から持たされていたんですか。でも、どうしてそれが分かったのですか？

楯の表には、赤・白・黒という3色の顔料を使って渦巻きを組み合わせたアルファベットのSの逆字のような文様や三角形を並べたジグザグ文様を描いていましたが、そのような文様の特徴が、平安時代に編纂された法律書である『延喜式《えんぎしき》』にみえる隼人用楯の特徴と一致することが分かり、これらの楯が「隼人の楯」であると認定されました。隼人には特別な力があると考えられており、律令国家の制度に組み込まれて邪悪なものを追い払うことが期待されました。元日や天皇の即位、外国使節等の来訪といった儀式への参加や宮廷警護などの任務が与えられ、その際に隼人が手にした楯と考えられています。

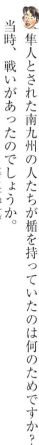

では、南九州で出土したものではないのですね。

これらの楯はすべて、奈良時代の都であった平城宮《へいじょうきゅう》の中に掘られた井戸に井戸枠として使われた状態で見つかりました。16枚の楯が出土しましたが、そのうち8枚は完全な形を保っていました。

壊れてないのに、要らなくなったということですか?

楯の表面に描かれている渦巻文や連続三角文は、邪悪なものを追い払う効果があると考えられていました。楯は表面が井戸枠の外面になるように使用されていたため、楯とその持ち主である隼人の特別な力を期待したとの見方もあります。

楯の「落書き」

今から千年以上も前に作られた木製の楯が、こんなにしっかりと残っているなんて驚きです。

地下水に浸かった状態であったため、腐らずに残ったんです。楯の実物は、発掘調査を実施した奈良文化財研究所に保管されており、ここで展示しているのは、8枚分の精巧な複製品(レプリカ)です。8枚のうち3枚は、裏側を見せているのですが、そこには筆や先のとがったもので書かれた「落書き」があります。

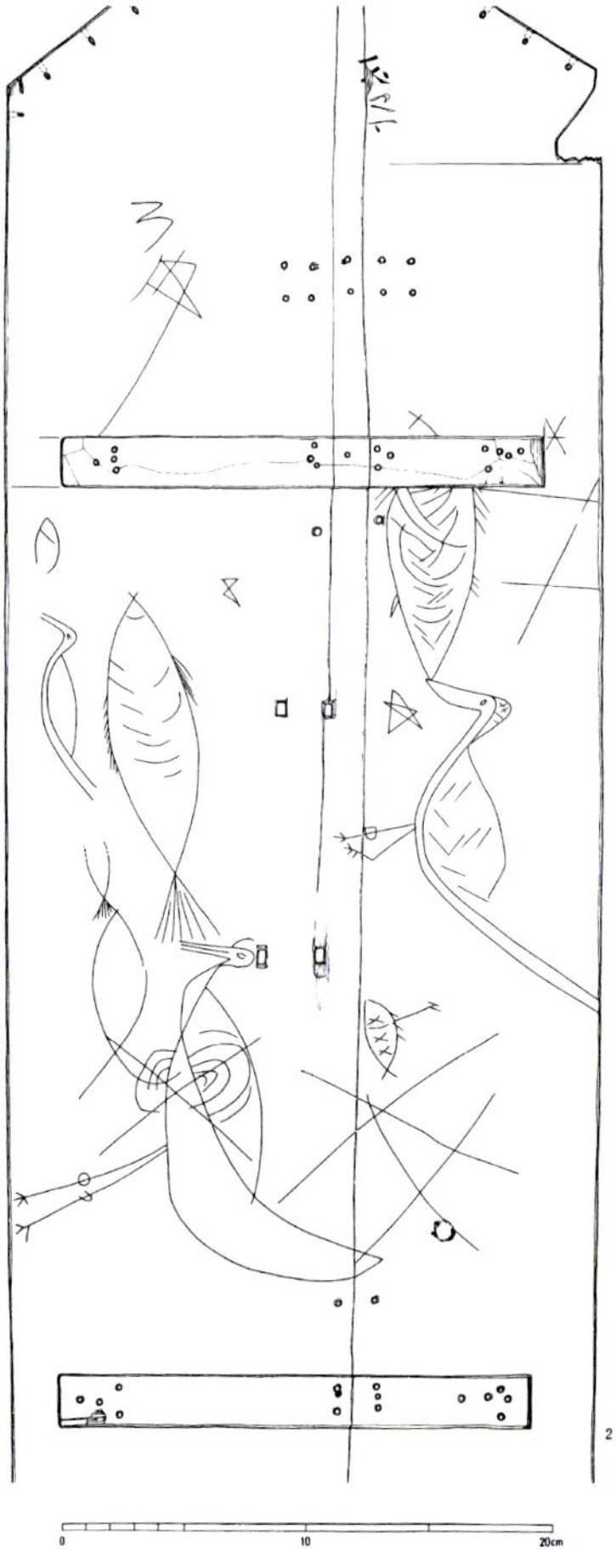

隼人の楯に残る落書き
(奈良国立文化財研究所1978より)

儀式や警備の最中に、気を紛らわせるために書いたのかもしれません。

何て書いてあるんですか?

例えば「此者近水海」のような文字が刻まれていますが、残念ながら意味の分かるような文章はありません。その他に鳥や魚が描かれた楯もあります。こうした落書きを見ることで、隼人が遠い歴史上の話ではなく、私たちにつながる人間味ある存在として感じていただけるのではないでしょうか。

確かに。

これを見ると隼人が、私たちと同じごく普通の人間だったと感じますね。

平安時代になると、だんだん隼人という呼び名が使われなくなります。これは、律令国家が整備されるにしたがって、隼人が特別な存在ではなく一般の公民と同じ扱いになったためと考えられます。そして、辺境に位置づけられていた南九州の地も、古代国家の枠組みに取り込まれていったのです。

仏教と文字の伝来

古墳から寺院へ

先ほど聖徳太子の話で仏教のことがありましたが、伝教って大きな影響を与えたんですよね。

仏教っていつ頃から日本で広まったのですか?

『日本書紀』という書物には、552年に日本に伝えられたと記されていますが、近年は538年という説の方が有力です。いずれにしても6世紀中頃に朝鮮半島南西部にあった百済という国から日本に伝えられたということです。この時期は古墳時代の後期、地方の豪族や有力な人びとは7世紀前半頃まで古墳を造り続けますが、中央の大豪族たちの間では、古墳づくりよりも仏教を受け入れて寺院を造ることに関心が高まります。

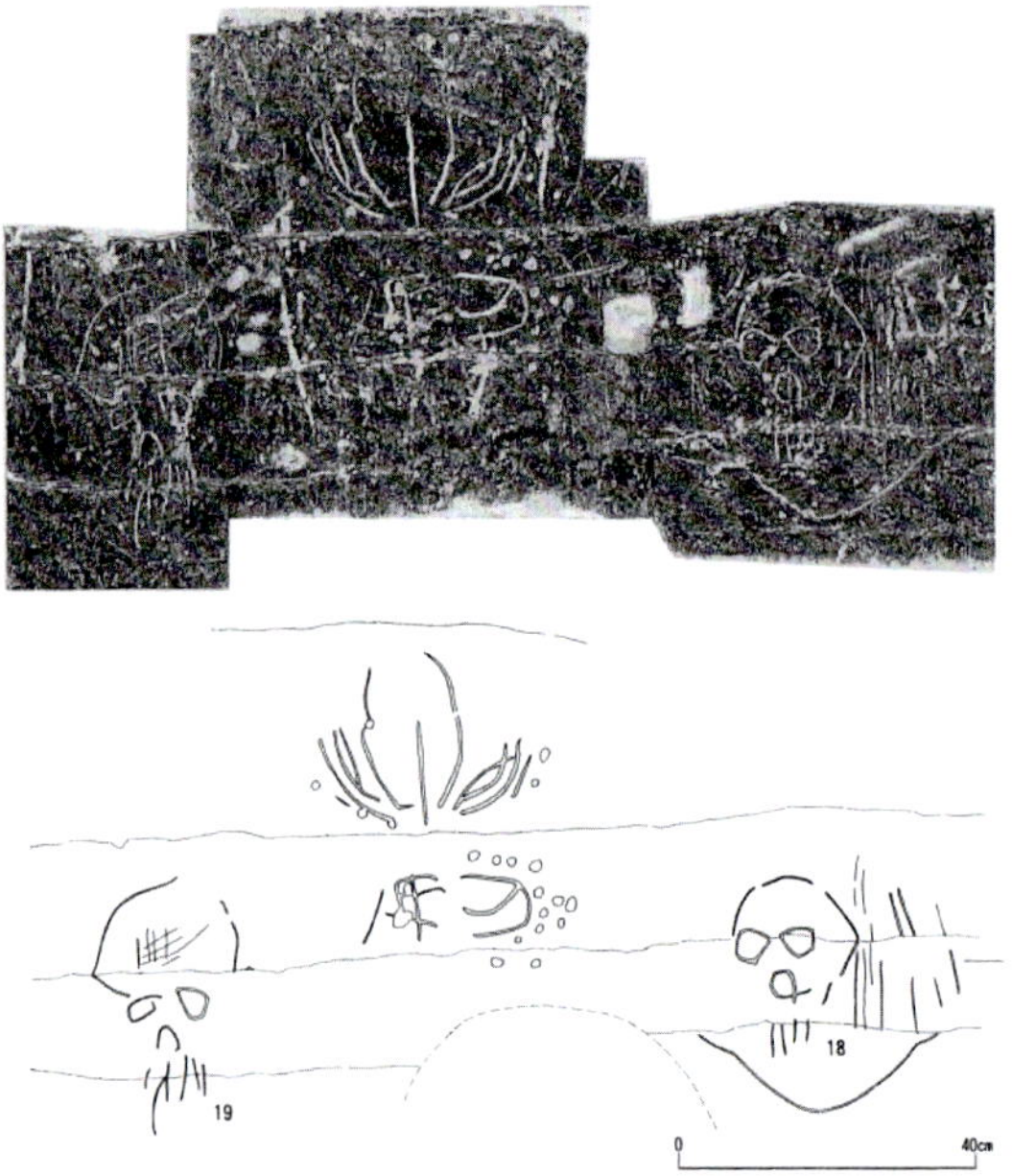

横穴墓玄室壁画に見られる
鬼面文（宮崎市蓮ヶ池横穴53号）

池内横穴墓（宮崎市）
出土の銅碗

銅碗と国分寺——宮崎の仏教

宮崎にも仏教は入ってきたのですか？

宮崎で確認される仏教に関わりがあるものとしては、出土品としての銅碗《どうわん》があります。日南市の狐塚《きつねづか》古墳の横穴式石室から2個、宮崎市の池内《いけうち》横穴墓から1個の銅碗が出土しています。この銅碗は青銅製の蓋付きの碗ですが本来は仏教に関わる品物です。また、宮崎市の蓮《はす》ヶ《が》池《いけ》横穴墓群の53号墓には、玄室内に線刻壁画が描かれていて、その中には左右に従者を連れた鬼が確認できます。鬼という存在も仏教の中で現れるものですし、その構図は「三《さん》位《み》一体《いったい》」という仏教的思想に基づくものと言えます。狐塚古墳、池内横穴墓、蓮ヶ池横穴墓は、6世紀末から7世紀の前半に造られたものですので、この頃には南九州にも仏教の影響が現れたと言えます。

宮崎にもお寺はあったの？

国分寺というのは全ての国にあった寺ですよね。

宮崎で最初の寺がどこにあったのかは分かりませんが、日向国にも国分寺はありました。8世紀中頃の聖武天皇は仏教を深く信仰していて、「鎮護《ちんご》国家」という仏教の教えによって国を治める思想から、全国に国分寺と国分尼寺を建立する詔を出しました。国分寺は国府の近くにあるのが

7の章

通常です。日向国分寺も日向国府跡の近く、南に約1.5㎞の場所にあります。２０１１年に国の史跡に指定されました。出土した瓦などから、８世紀後半から９世紀末頃までは存続していたことが明らかです。

国分尼寺もあったのでしょうか？

国分寺と国分尼寺はセットで存在することが普通です。しかし、日向国の国分尼寺はその場所が確定していません。日向国分寺跡から北に５００ｍの、県立妻高等学校の敷地が有力な候補地となっています。

文字の伝来

仏教と言えば、経典などは漢字で書かれていますが、いつ頃から日本で文字が使われていたのですか？

約30年ほど前に、弥生時代の土器や貝の装飾品に文字が記されているということが話題になったことがあります。しかし、それらが本当に文字として記されたものかどうか、現在でも意見は分かれています。しかし、古墳時代には確実に文字が存在しています。

古墳時代に文字が使われていたんだ。

熊本県の江田船山《えたふなやま》古墳から出土した鉄刀には75文字の漢字が銀で象嵌《ぞうがん》されています。また、埼玉県の稲荷山《いなりやま》古墳から出土した鉄剣には、剣身の両面に１１５文字の漢字が金で象嵌されています。この九州と関東で出土した２本の刀剣に記された文字は、ワカタケル大王（雄略天皇）に仕えた地方豪族が、自らのことを記録させたもので、５世紀後半頃には日本列島で文字が使用されていたことを示しています。

墨書土器群（宮崎市余り田遺跡）
地方への文字文化の浸透が読み取れる

重要文化財　児湯郡印（西都市所有）
奈良時代の児湯郡の役所で使われた銅印

九州から関東まで広く文字が広まっていたのですね。

古墳時代には中国や朝鮮半島の国々との交流もありますから、そうした中で漢字は必要だったと思います。しかし、文字を理解していたのはごく限られた人びとだったと思います。やはり文字の本格的な使用には、6世紀の前半に朝鮮半島の百済から伝えられた仏教が大きな意味を持っています。仏教の経典には漢字が使用されています。また、7世紀以降の律令国家の建設においては、法律である律令を制定し広めるために文字は不可欠でした。

でも、その頃の人は皆が文字を理解していたのかなぁ？　宮崎県内ではどうだったんですか？

文字を理解し読み書きができたのは、仏教の僧侶、朝廷や地方の役人、有力な豪族やその子弟だけであったと思います。日向国に関わる事例としては、税として平城京に送られた荷物に付けられていた荷札木簡や、日向国内に置かれた児湯郡の役所で使われた銅印「児湯郡印」があります。また、9世紀の後半頃の祭祀跡と思われる宮崎市の余《あま》り田《だ》遺跡からは、大量の墨書土器が出土しています。これは、素焼きの土器に墨で文字を記したものですが、この中には文字を理解して書かれたものと、文字の形や意味を理解せずに見よう見まねで書き写したために記号のようになってしまったものが混在していました。

『古事記』や『日本書紀』も文字で書かれた書物ですよね。

文字の使用は、単に意思の伝達や律令の制定・公布ばかりでなく、8世紀の初めに編さんされた『古事記』や『日本書紀』のように、記録を残すもの＝歴史を記すものとして大きな意味を持つことになります。

8の章
未来に伝えるために
―考古博物館の裏方の仕事―

西都原考古博物館の第１収蔵庫（古人骨専用庫）

保存のこと

温度と湿度

ここは収蔵展示室といいます。この窓から何が見えますか。

左の部屋には骨がたくさん並んでいるよ。

左の部屋は古人骨専用の収蔵庫で、右の部屋は金属器の収蔵庫です。展示室の窓から収蔵庫の中を見ることができるようになっています。収蔵庫は博物館の心臓部で、県内の遺跡から出土した貴重な資料が保管されています。通常は、学芸員しか入ることができません。そこで、西都原考古博物館では、収蔵展示室を設けて窓越しに収蔵庫を見てもらうようにしました。

収蔵庫の中を見たのは初めてです。ほんとうにたくさんの資料が保管されているのですね。

では、収蔵庫の話を少ししましょう。古人骨の収蔵庫を見てください。床や壁、天井、棚の全て板張りになっているでしょう。なぜだと思いますか。

どうしてかなぁ。

木材には湿度を調整する力があるのです。床や壁、天井を板張りにすることで夏は湿気を吸い、冬は湿気を保って収蔵庫内の温度や湿度が安定するように自然に調整してくれるのです。

資料の保管には温度や湿度に気をつかうのですね。

博物館が収蔵保管する資料は、金属、木、紙、粘土などさまざまな材質からできているので、環境が悪いとカビが発生したり、湿度が高くてサビが広がったりします。そのため、温度と湿度にはとても気をつかうのです。

収蔵庫の温度と湿度はどのくらいですか。

収蔵庫はそれぞれの資料にとって最適な環境を作るため、温度や湿度を管理しています。古人骨の収蔵庫は、温度20℃、湿度60％、金属器の収蔵庫は温度22度、湿度は40％に設定しています。

展示室はどれくらいの温度と湿度なのですか。

展示室は、見学者の皆さんが快適に過ごせること、展示資料が影響を受けないことなどを考慮して、温度を22～25℃、湿度を55％に設定しています。ただ、展示室は人の出入りが多いので、温度や湿度が変化しやすいのですが、収蔵庫は一定を保つようにしています。皆さんも夏にクーラーの効いた部屋から外に出ると余計に暑く感じて不快ですよね。博物館の資料も、急に温度や湿度が変化するとヒビが発生して壊れやすくなります。博物館では、温湿度の管理、特に急激な変化が起きないように常に注意しています。

虫とカビを防ぐ

他にはどんなことに気を付けているの？

収蔵庫の入り口にはこんな注意書きがあります。

①収蔵庫内の整理整頓・清掃に心がけること。
②収蔵庫への立ち入りの際には、粘着シートにより足下のホコリ等を除去すること。
③収蔵庫内の扉・壁・棚・ケースなどに、必要以上に素手で触れないこと。

さて、これはどうしてでしょうか。

分からないなぁ。

博物館に収蔵している資料にとってカビや虫は大敵です。カビが生えると資料を汚してしまいます。虫の中には紙や木材を食べたり糞で資料を汚したりする害虫がいます。それらを寄せ付けないために必要な注意書きです。

もっと詳しく教えてください。

害虫やカビの被害を防ぐためには収蔵庫の清掃や点検、整理整頓を毎日やることが大切です。きれいにしていれば害虫やカビもやってきません。清掃や点検で見つけることもできます。収蔵庫に入れないためには粘着シートを使って入り口で防いでいます。収蔵庫の中で害虫やカビが増えないようにするには害虫やカビが好むものを取り除く必要があります。人の手に付いた皮脂や汗が収蔵庫の壁などに付くとカビの発生の原因となります。カビを食べる虫がやってくる可能性もあります。

害虫やカビを防ぐために薬剤を使ったりはしないのですか。

そうですね。害虫やカビを防ぐために薬品を使った薫蒸《くんじょう》は有効です。しかし、こうした薬品は人体や地球環境にも悪い影響がある場合もあります。そこで、当館では薬品に頼らずに資料を守る活動をしています。この活動を「文化財ＩＰＭ活動」といいます。これは、日常的な清掃や点検によって害虫やカビを防ぐというものです。先ほどの収蔵庫入り口にある注意書きもその一環です。

博物館では資料を守るためにいろいろな活動をしているのですね。

文化財を守る ―― 利用時の注意

皆さんにも博物館や美術館を利用するときにやれることがあるのです。

どんな事をすればいいの？

まず、展示室に入る場合は長い傘などを持って入ってはいけません。メモを取る場合もインクを使ったペンではなく、鉛筆を使います。資料を傷つけたり、壊したり、汚したりする可能性があるからです。また、ガムやチョコレートなどのお菓子を食べたり、ジュースを飲んだりすることも絶対にいけません。

どうしてですか？

資料を汚す可能性があるし、ジュースをこぼしたりお菓子の屑《くず》を床に落としたりすると、虫が寄ってきたりカビが生えたりします。他にも、盗難や輸送時の破損、火事や地震などの災害など文化財に影響を及ぼすことがたくさんあります。

火事が起きたらどうするのですか。

火事の場合には、一般的な水や消火剤を使わずに、防火扉やシャッターで密閉して、火が燃える時に必要な酸素をなくすためのガスを充満させて火を消す方法をとります。水や消火剤を使うと資料が汚れたり壊れたりするからです。

地震の対策は何かしているんですか。

地震に備えて収蔵庫の棚を固定し、資料が落下するのを防ぐベルトや仕切り板を取り付けています。展示室では、重要な資料を地震の揺れから守る免震装置付きのケースを使ったりしています。

博物館ではいろいろな対策をされていますが、それでも資料が傷むことはないのですか？

サビを防ぐ

博物館の資料も、転倒による破損や、サビが広がることもあります。そのよ

西都原考古博物館の鉄器保存処理施設

うな場合は、すぐに修復して、サビの進行を防ぐ保存処理を行います。

そのままにしておくとどうなるの？

鉄で作られたヨロイ・カブトや刀や剣などは錆《さ》びた状態で遺跡から出土します。長い期間土の中に埋まっていた金属製品は、空気に触れることでサビが一気に進みます。出土した資料をそのまま放置しておくとサビが進んで形が残らないほどにボロボロになっていきます。そのため、サビが進まないように化学的な保存処理を行います。

サビの進行はどうやって防ぐのですか？

サビの原因は水分と酸素と言われています。さらに塩分（塩化物イオン）などが加わるとサビの進行が速くなります。そこで、余分な泥やサビを落とした後で、鉄の内部に残っている塩分を真水や薬品を溶かした液体に漬けて取りのぞきます。最後にアクリル樹脂を鉄器に浸み込ませて、酸素から遮断します。

そのような保存処理をすればサビは進まないのですか？

保存処理をした金属製品も、その後の保管状況によってはサビが広がったり脆く壊れたりすることもあります。そのために、温湿度の管理をした収蔵庫で保管しているのです。

奈良正倉院

博物館ではいろんな活動をしながら資料を大切に守っているんだね。

奈良県にある正倉院には、シルクロードなどで運ばれた宝物が数多く納められています。正倉院では、１３００年も前から年に一度、宝物を日光や風に当てて湿気を飛ばし、虫やカビを払い、庫内の清掃を行い、痛んだものは修理しなが

文化財レスキューの状況
（岩手県立博物館）
津波で泥だらけになった昆虫標本の取り出し作業

ら、奈良時代から現在まで宝物を守り伝えてきました。博物館でもさまざまな活動を継続しながら資料を守り、後世に伝えていく重要な役割を担っています。

災害遺産 ―― 災害と考古学

文化財レスキュー

近年では、大地震や津波などで大きな被害が出ていますが、文化財への影響は無かったのですか？

地震や水害などの大きな災害が起こると、多くの文化財も一瞬のうちに大きな被害を受けてしまいます。私たちの住む宮崎県でも、南海トラフ関連地震やそれにともなう大津波がいつ起こってもおかしくありません。これまでにも阪神淡路大震災や東日本大震災など大災害が起きた時には、文化財救済のための組織が作られ、全国の博物館や大学、研究機関や民間団体が協力して文化財を救済する活動が進められてきました。

地域の復興活動についてはニュースなど知っていましたが、文化財の救済については知りませんでした

この活動を「文化財レスキュー」と呼んでいます。地震や津波をはじめ、台風や豪雨等の水害、火山などの大災害で被災した文化財等を救済し、安全な場所で保管し、応急措置をする活動です。それでは、東日本大震災で行われた文化財レスキュー活動について少しお話しします。

東日本大震災での活動

東日本大震災が起きたのは5年ぐらい前だよね。

東日本大震災は、２０１１年3月11日に東北地方から関東地方までの太平洋沿岸を襲った、これまでに経験したこともない大地震でした。さらに、10ｍを超える津波が発生して甚大《じんだい》な被害が出ました。

博物館も被害を受けたの？

この地震では岩手県から福島県までの太平洋沿岸にあった三十近い博物館や美術館も津波にあい、多くの文化財が流失し、破損しました。被害の大きかった岩手県陸前高田《りくぜんたかた》市の市立博物館や海と貝のミュージアムでは、２階まで津波が押し寄せ、収蔵庫や展示室は瓦礫《がれき》に埋まり、展示ケースや収蔵棚が倒れ、津波の力で壁にたたきつけられて壊れてしまいました。資料も流失し、土砂に埋もれてしまいました。

どんな資料が被災したのですか？

市立博物館では、土器や鹿角製の釣針、江戸時代の古文書《こもんじょ》、古民家で使われていた調度品、大工道具や漁労具、節句人形に歌舞伎衣装やカツラ、絵画資料、鉱物や植物・昆虫・貝などの標本などの歴史資料や民俗資料、自然史資料五十数万点が被災しました。中には国指定や県指定の貴重な文化財も含まれていました。

そんなにたくさんの資料が被災したのですね。

レスキュー活動では、岩手県内の博物館ネットワークでつながった学芸員たちや隣県の博物館や大学、ボランティアの人たちの力で、土砂に埋もれた資料を丁寧に探し出し、海水をかぶり津波で壊れてしまった資料を救出して安全な場所に移す作業を行いました。陸前高田市では閉校になった山沿いの小学校を保管場所とし、その後の処理作業を行っています。

被災した博物館
（岩手県陸前高田市立博物館）
屋根の一部を残し、完全に水没した。車が３台、住宅が２軒館内に流入していた。

移された資料はどうするんですか。

被災資料の多くは、津波で海水をかぶっています。カビや雑菌、大量の塩分がしみこんでいますので、それを一点ずつ水や薬品を使って洗い流していきます。その作業が終わった後に、ようやく本格的な修復作業に取りかかります。陸前高田市では、市立博物館や海と貝のミュージアムの収蔵資料56万点のうち、46万点が救出されました。しかし、２０１５年3月までの時点で十数万点しか修復が終わっていません。本当に地道な作業です。

まだ処理されていない資料はどうするんですか？

未処理の資料はカビや雑菌が残っているため、そのままの状態では劣化が進みます。そこで安定化処理ができるまで冷凍庫に入れて冷凍保存しておきます。

救出されたのは博物館にある資料だけなのですか。

博物館や美術館の資料だけでなく、民家にある歴史資料や絵画、役所や学校の資料、地域で大切にしてきたお祭りや神楽の衣装や道具、それから、家族の歴史でもある写真やアルバム、人形、古い教科書や漫画など、地域や家族の歴史にとって大切にしてきたいろいろな物もたくさん救出されました。

アルバムや漫画も救出されたのですね。他にどんなものがありますか？

被災資料の中には、過去にあった津波の事が書かれた記念碑などの「災害遺産」があります。過去の津波が襲った場所に「これより下に家を建てるな」と書かれた津波記念碑があり、過去の災害を知る資料として注目されています。

宮崎の災害遺産

宮崎にも「災害遺産」はあるんですか。

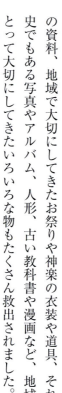

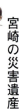

外所地震の供養碑

宮崎市木花には江戸時代に起こった「外所《とんどころ》地震」についての供養碑があります。亡くなった人々を供養し地震のことを忘れないように50年ごとに立て替えられています。

「外所地震」のことは私も聞いたことがあります。ところで地震の痕跡って分かるものなのですか？

地震や津波の痕跡は土の中に残っています。地質調査や遺跡の発掘調査などで過去に発生した地震の痕跡が発見されることがあります。古い地層から過去の地震で起こった断層の跡や津波の堆積物、液状化で噴出した砂の痕跡が確認できます。

宮崎県にもあるの？

都城市の筆無《ふでなし》遺跡などから液状化現状で吹き上げられた噴砂の跡が見つかっています。南海トラフの巨大地震に備えるためにも、このような過去の歴史を学び、今に活かし、未来に備えるということが重要だと思います。

災害はない方がいいけれど、文化財レスキューはとても大切なことですね。

大災害が起こったら地域の歴史や自然が一度に失われてしまいます。そこで、全国の博物館や学芸員をはじめいろいろな人たちが連携し、多くのボランティアの力を借りながら地域の歴史と自然を復元する活動を続けています。東日本大震災では被災した資料の修復が、地域の復興にも大きく役立っていると言われています。皆さんも「文化財レスキュー」という活動をぜひ、覚えておいてください。

そして、いざというときには、皆さんの力を貸してください。

もっと知りたい宮崎の古代関連年表

旧石器時代

8万〜5万年前　現生人類がアフリカから世界各地に旅立つ。（出アフリカ）

4万年前　アフリカを旅立った人たちが日本列島に到達し住みはじめる。宮崎県内にも4万〜3万5千年前頃より人が住み始める。（宮崎で一番古い人の痕跡を示すのは川南町後牟田遺跡。）

3万年前　姶良カルデラが大噴火。大量の火砕流が南九州の大地を変えた。（シラス台地ができたことにより、南九州の地形や自然・風土・文化の土台をつくる）

2万8千年〜2万4千年前　氷河期の最寒冷期（LGM＝最終氷期最寒冷期）（気候も乾燥し、地球上の海水量も減少。海水面は現在より100m以上も低下。）

縄文時代

1万五千年前　気候が暖かくなり、縄文時代が始まる。土器の使用が始まる。

7300年前　鬼界カルデラの噴火により、宮崎平野はアカホヤ火山灰におおわれる。

7千年前　気候温暖がピークを迎え、縄文海進がすすむ。（宮崎市周辺でも、柏田、跡江、松添貝塚が見つかる）

※宮崎県内でも、狩猟と採集の生活を示す遺跡や、縄文時代前期の土器が見つかっている。宮崎県内では珍しい土偶がつくられる（高千穂町陣内遺跡）。軽石を使った「岩偶」などがつくられる（宮崎市竹ノ内遺跡）

畑作が行われダイズやアズキ、ササゲなどがつくられる（美郷町内野々遺跡、都城市野添遺跡、高原町広原第1遺跡、荒迫遺跡など）

弥生時代

2500年前（3千年前とする説もある）　稲作が始まる。「壺」が作られ、石包丁、鋤や鍬などが使われ、普及する。

「花弁状住居」（土壁間仕切り住居）がつくられ始める。

古墳時代

3世紀中頃〜　古墳がつくられ始める。
とくに地域を代表するような大規模な前方後円墳をもつ古墳群は、宮崎市の生目や西都市の西都原など、宮崎平野部に集中してつくられる。

紀元400年頃　西都原古墳群男狭穂塚、女狭穂塚がつくられる。

5世紀中頃〜　宮崎県のえびの・小林から諸県にかけて、および平野部の古墳群に地下式横穴墓がつくられる。
ヤマト政権による北部九州の平定（磐井の乱）

紀元538年　仏教が百済より伝来。寺院造営始まる。
（宮崎市池内横穴墓出土の銅碗。宮崎市蓮ヶ池横穴墓群の線刻壁画）
7世紀前半、古墳はつくられなくなる。

飛鳥時代

6世紀後半〜7世紀前半　聖徳太子、推古天皇の摂政として政治を行う。

645年　乙巳《いっし》の変により蘇我氏滅ぶ。翌年、大化の改新の詔が出される。

701年　大宝律令制定。律令国家の完成。奈良を都として全国に「国」がおかれる。西都市三宅に日向国府が、日向国内に5郡がおかれる。

奈良時代

712年　「古事記」完成。
720年　「隼人の乱」おこる。
720年　「日本書紀」完成。

今も息づく古墳時代

特別史跡　西都原古墳群

── 特別史跡西都原古墳群と宮崎県立西都原考古博物館

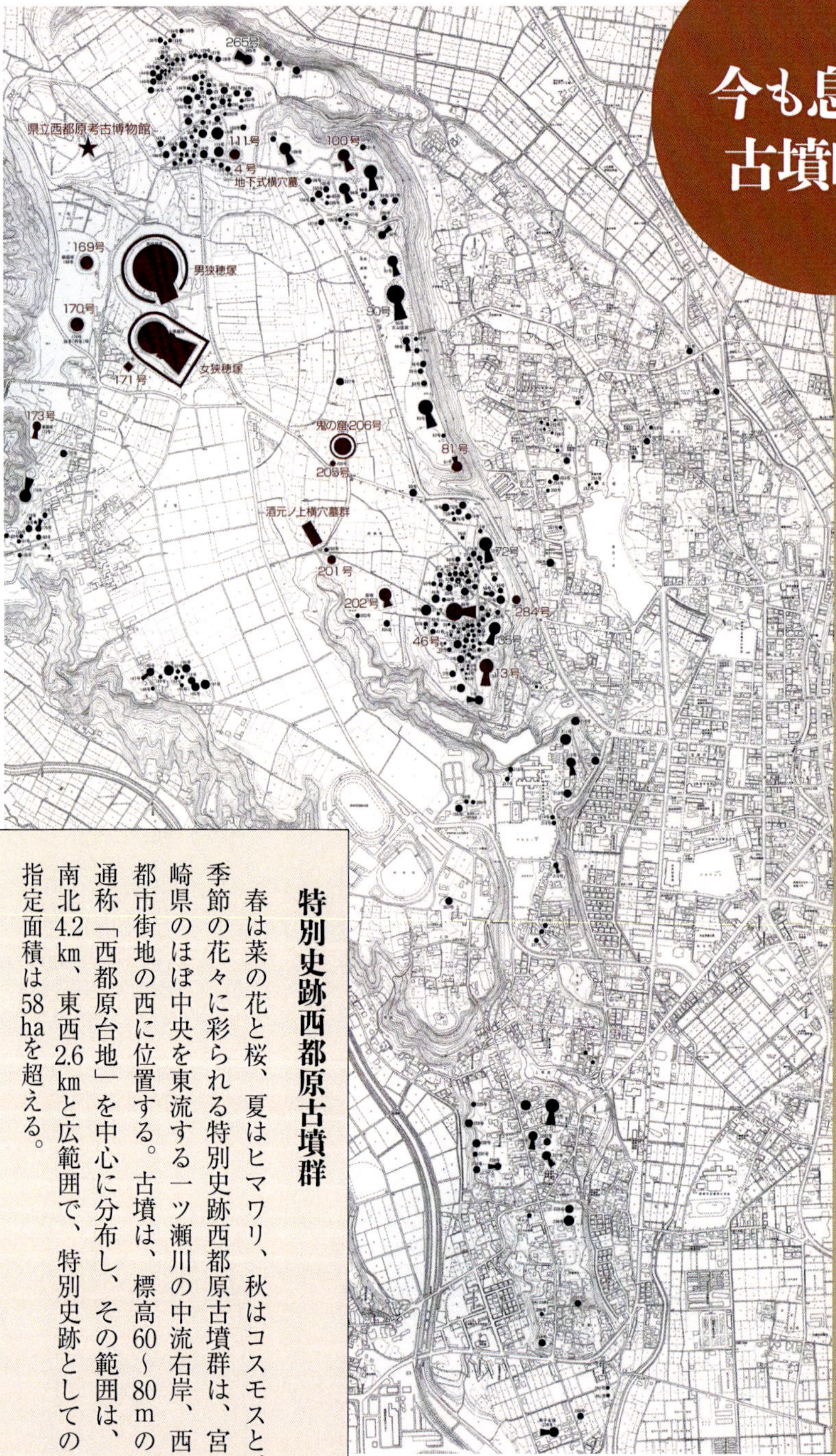

特別史跡西都原古墳群

春は菜の花と桜、夏はヒマワリ、秋はコスモスと、季節の花々に彩られる特別史跡西都原古墳群は、宮崎県のほぼ中央を東流する一ツ瀬川の中流右岸、西都市街地の西に位置する。古墳は、標高60～80ｍの通称「西都原台地」を中心に分布し、その範囲は、南北4.2㎞、東西2.6㎞と広範囲で、特別史跡としての指定面積は58㏊を超える。

西都原古墳群では、3世紀後半から7世紀中頃までの古墳時代の全期間を通して、300基を超える古墳が築造された。その中には、32基の前方後円墳、2基の方墳、280基以上の円墳など、全国に広く分布する高塚古墳や横穴墓の他に、南九州にのみ分布する地下式横穴墓も数多く存在し、古墳時代の各時期・各種類の墓が営まれた「古墳の博物館」と言える。中でも、陵墓参考地である「男狭穂塚・女狭穂塚」は、日本最大の帆立貝形古墳と九州最大の前方後円墳であり、南九州の盟主としての偉容を誇っている。

1912（大正元）年から行われた発掘調査は、我が国初の本格的・組織的な古墳の発掘調査であった。1952（昭和27）年には国の特別史跡に指定された。1966（同41）年からは、全国第1号の「風土記の丘」として整備され、現在でも、古墳の保存・整備・活用を目的とした事業が行われている。

西都原古墳群の特徴として、分布範囲の広さ、分布密度の高さ、築造期間の長さ、墳墓の多彩さ、九州最大の巨大古墳である男狭穂塚・女狭穂塚の存在などがあげられるが、「豊かな自然環境とすぐれた歴史的文化的景観」を色濃く保持していることこそが最大の特徴である。そこには、古墳時代が今も息づいている。

宮崎県立西都原考古博物館

宮崎県立西都原考古博物館は、西都原古墳群と一体となったフィールドミュージアムとして、2004（平成16）年4月に開館した。景観に配慮し、低丘陵斜面を利用して建設された外面石貼りの博物館は、来館者があたかも古墳の内部へと入っていくイメージである。

館内は、ユニバーサルデザインを徹底し、障がいを持つ方や外国人のために、音声ガイドや多言語解説アプリを用意している。また、展示品の多くは直接手で触れることができる。展示では、常設という概念を廃し、考古学の思考に基づいた最新の調査研究成果をもとに、常に新しい情報として発信している。

古代家屋をモチーフとした木造の古代生活体験館では、ものづくりを通して古代人の知恵と技術を体験できる。土器や石器、勾玉や古代楽器など、多様な体験メニューが常時用意され、定期的な体験・実験講座も開催している。

車をご利用の場合
宮崎市内から国道219号線経由約40分
東九州自動車道西都I.Cから約10分

バスをご利用の場合
宮交シティから約70分

参考文献

【1の章】

アリス　ロバーツ・野中香方子訳　２０１３『人類二〇万年遥かなる旅路』文藝春秋

海部　陽介　２００５『人類がたどってきた道』日本放送出版協会

西都市史編さん委員会　２０１６「第一節　西都のあけぼの－旧石器時代の西都」『西都市史　通史編　上巻』ぎょうせい

スティーヴン　オッペンハイマー・仲村明子訳　２００７『人類の足跡10万年全史』草思社

橘　昌信・佐藤宏之・山田　哲編　２００２『後牟田遺跡　宮崎県川南町後牟田遺跡における旧石器時代の研究』後牟田遺跡調査団・川南町教育委員会編

堤　隆　２００９『ビジュアル版旧石器ガイドブック』シリーズ「遺跡を学ぶ」別冊02　新泉社

日本旧石器学会　２０１０『日本列島の旧石器時代遺跡－日本旧石器（先土器・岩宿）時代遺跡のデータベース－』日本旧石器学会

町田　洋・新井　房夫著　１９９４『火山灰アトラス［日本列島とその周辺］』東京大学出版会

宮崎県　１９９７『宮崎県史　通史編　原始・古代Ⅰ』ぎょうせい

横山　勝三　２００３『シラス学　九州南部の巨大火砕流堆積物』古今書院

【2の章】

藤木　聡　２０１２「黒潮の先史漁撈文化を語る」『宮崎県立西都原考古博物館研究紀要』第8号　宮崎県立西都原考古博物館

【3の章】

島根県教育委員会　２０１２『ふるさと読本　もっと知りたい　しまねの歴史』

高千穂町教育委員会　１９９２『陣内遺跡保存整備報告書』高千穂町文化財調査報告書　第11集

勅使河原　彰　２０１３『ビジュアル版縄文時代ガイドブック』シリーズ「遺跡を学ぶ」別冊03　新泉社

宮崎県埋蔵文化財センター　２０００『竹ノ内遺跡』宮崎県埋蔵文化財センター発掘調査報告書第27集

宮崎県立西都原考古博物館　２０１５『美と技と祈り－台湾原住民の植物利用と南九州人の軽石利用－』

宮崎県立西都原考古博物館　２０１４『日向の神々と出雲の神々』

【4の章】

藤木　聡　２０１３「発掘された火起こしの歴史と文化」『宮崎県文化講座研究紀要』第40輯　宮崎県立図書館

都城市教育委員会　２００６『坂元A遺跡　坂元B遺跡』都城市文化財調査報告書71集

宮崎県埋蔵文化財センター　２０１３『広原第1遺跡』宮崎県埋蔵文化財センター発掘調査報告書第２２７集

宮崎県埋蔵文化財センター　１９９８『荒迫遺跡』宮崎県

埋蔵文化財センター発掘調査報告書第11集
宮崎県立西都原考古博物館　２００６『日韓交流展　稲の来た道』

【5の章】

大阪府立近つ飛鳥博物館　２０１２『南九州とヤマト王権－日向・大隅の古墳－』平成24年度秋季特別展図録
しもつけ風土記の丘資料館　２００５『前方後円墳の名付け親　蒲生君平と宇都宮藩の山陵修補』特別展図録
北郷泰道　２００５『西都原古墳群　南九州屈指の大古墳群』日本の遺跡1　同成社
宮崎県立西都原考古博物館　２００８『西都原古墳群　探訪ガイド』増補改訂版　鉱脈社
若狭徹　２０１３『ビジュアル版古墳時代ガイドブック』シリーズ「遺跡を学ぶ」別冊04　新泉社

【6の章】

大阪府立弥生文化博物館　２０１３『弥生人の船　モンゴロイドの海洋世界』平成25年度夏季特別展図録
財団法人滋賀県文化財保護協会　２００６『丸木舟の時代－びわ湖と古代人－』財団法人滋賀県文化財保護協会調査成果展　滋賀県立安土城考古博物館第32回企画展図録
橋本達也　２０１０「九州南部の首長墓系譜と首長墓以外の墓制」『九州における首長墓系譜の再検討』第13回九州前方後円墳研究会鹿児島大会　九州前方後円墳研究会
東憲章　２００１「地下式横穴墓の成立と展開」『九州の横穴墓と地下式横穴墓』第4回九州前方後円墳研究会資料集　九州前方後円墳研究会
読売新聞西部本社／大王のひつぎ実験航海実行委員会編　２００６『大王のひつぎ海をゆく　謎に挑んだ古代船』海鳥社

【7の章】

大阪府立近つ飛鳥博物館　２０１５『ワカタケル大王の時代　～ヤマト王権の成熟と革新～』平成27年度秋季特別展図録
奈良国立文化財研究所　１９７８『平城宮発掘調査報告Ⅸ』奈良国立文化財研究所学報第34冊
宮崎県立西都原考古博物館　２０１６『化内の辺境　～隼人と蝦夷～』

【8の章】

赤沼英男・鈴木まほろ　２０１４『大津波被災文化財保存修復技術連携プロジェクト　安定化処理』津波により被災した文化財の保存修復技術の構築と専門機関の連携に関するプロジェクト実行委員会／日本博物館協会／ＩＣＯＭ日本委員会

あとがき

２０１５年10月から２０１６年３月までの半年間にわたって、ＭＲＴ宮崎放送のラジオ番組「Ｇｏ！Ｇｏ！ワイド」の中で「歴史ロマンを求めて　考古学の旅」という小コーナーを持たせていただいた。宮崎県立西都原考古博物館とその活動、考古学という学問の楽しさ、そして私たちの故郷みやざきのことを多くの方々に知ってほしいとの目的で企画したものである。

週１回（水曜日の午後）、５分間という限られた時間ではあったが、番組パーソナリティのお二人と私たち学芸員との質疑応答形式で、考古学や故郷の歴史について、分かりやすくお伝えできたのではないかと考えている。

全26回の放送を終えた時、私たちの手元には、考古学を身近に感じていただくための手引きとも思える放送原稿の束が蓄積されていた。「これを何らかの形に残したい」と考えたところから本書の出版企画が始まった。

まずは、番組を持たせていただいたＭＲＴ宮崎放送のラジオ局長関知子さんに相談した。関さんには、当館開館時に音声ガイドのナレーションをお願いし、開館後もシンポジウムの司会や、２０１４年４月の開館10周年記念式典の進行などでお世話になっており、考古学や当館の活動にも理解と関心をお持ちいただいていた。書籍化の構想についても、すぐに賛同していただいた。

次に、鉱脈社の川口社長に構想について相談したところ、直ちに快諾いただいた。全26回分の放送原稿の全てに目を通し、書籍化するにあたっての御助言と提案をいただいた。

話題毎の主要テーマを整理し、時代順に並べ替え、不要な部分を削除し、不足する部分は新たに書き起こした。ラジオでは、パーソナリティの方との会話で進行したものを、小学生の兄妹と両親の4人家族を案内するというスタイルに変更した。ラジオ出演と原稿執筆を分担した当館の学芸普及担当職員7名全員が、考古学の用語や理論、事象の解説を、いかに分かりやすく伝えるのかという点において苦戦し、その難しさと重要性を改めて認識することとなった。

博物館や文化施設において説明パネル等を作製する際に、「子どもたちにも分かる言葉で表現しなさい」と言われることがある。しかし、宮崎県立西都原考古博物館の展示パネルや刊行する書籍等は、大人を対象として執筆している。これは、子どもを相手にしていないのではなく、「歴史とは、人から人へ、世代から世代へ語り継がれるもの」という考え方による。子どもたちが一読して理解できないことは、大人が伝えるべきである。親が、教師が、ボランティアの解説員が、そして、学芸担当者がその責を負うものである。その点において、今回の書籍化の作業は、私たち自身にとって大変勉強になるとともに、これから成すべき課題の一つを強く再認識する機会となった。

お読みいただく全ての方々に、考古学について、宮崎県立西都原考古博物館について、そして、故郷みやざきの歴史についての興味をお持ちいただければ幸いである。本書が、「過去を見つめ、今日を知り、未来を見通す」ことへの一助となることを強く願っている。

２０１７年3月

宮崎県立西都原考古博物館
学芸普及担当リーダー　東　憲章

［著者紹介］

［本文執筆］　宮崎県立西都原考古博物館　学芸普及担当

 東　憲章　*Noriaki Higashi*（担当リーダー　副主幹）

 田中 敏雄　*Toshio Tanaka*（主査）

 堀田 孝博　*Takahiro Horita*（主査）

 藤木　聡　*Satoshi Fujiki*（主査）

 谷口 晴子　*Haruko Taniguchi*（主査）

 永友 良典　*Yoshinori Nagatomo*（専門主事）

 沖野　誠　*Makoto Okino*（主任主事）

［イラスト］　早川 和子　*Kazuko Hayakawa*

協力（写真提供）　岩手県立博物館、えびの市教育委員会、宮内庁書陵部陵墓課、西都市教育委員会、滋賀県埋蔵文化財センター、島根県教育庁文化課、新富町教育委員会、大王のひつぎ保存委員会、多賀城市教育委員会、高槻市教育委員会、高鍋町教育委員会、茅野市尖石縄文考古館、栃木県教育委員会、南あわじ市教育委員会、都城市教育委員会、宮崎県埋蔵文化財センター、宮崎市教育委員会、森田敬三氏、陸前高田市立博物館

もっと知りたい
宮崎の古代
――考古学が誘うふるさとの歴史

二〇一七年三月三十日初版発行
二〇二四年六月十八日二刷発行

編著　宮崎県立西都原考古博物館　学芸普及担当 ©
発行者　川口敦己
発行所　鉱脈社
〒八八〇-八五五一
宮崎市田代町二六三番地
電話　〇九八五-二五-一七五八

印刷 製本　有限会社　鉱脈社